Susanne Leinemann
Hajo Schumacher

MAMAS & PAPAS:
WIE WIR TÄGLICH *fröhlich* SCHEITERN

Susanne Leinemann
Hajo Schumacher

MAMAS & PAPAS: WIE WIR TÄGLICH *fröhlich* SCHEITERN

Diana Verlag

Sämtliche Kolumnen erschienen bereits in der *Berliner Morgenpost*.

MIX
Papier aus verantwortungsvollen Quellen
FSC® C014496

Verlagsgruppe Random House FSC-DEU-0100
Das für dieses Buch verwendete
FSC®-zertifizierte Papier *Super Snowbright*
liefert Hellefoss AS, Hokksund, Norwegen.

Satz: Leingärtner, Nabburg
Druck und Bindung: GGP Media GmbH, Pößneck
Printed in Germany

978-3-453-29126-3

Statt eines Vorworts

Ein Gespräch über die Kunst des Erziehens

Hajo Schumacher: Liebe Leidensgenossin, gegen welche Erziehungsprinzipien hast du heute schon verstoßen? Fangen wir mal mit dem Morgen an …

Susanne Leinemann: Morgens ist es immer ganz schlimm, da bin ich wie ein Drillmaster. Die Kinder müssen pünktlich zur Schule und zum Kindergarten, und ich treibe an. »Los, los, los!« Als wäre ich ein Schleifer bei den Marines. Aber komisch, je mehr Druck ich mache, desto langsamer werden meine Kinder. Es ist zum Wahnsinnigwerden. Wie kann man so viel Zeit brauchen, um sich einen Schuh anzuziehen? Einmal auf der Straße, bin ich dann plötzlich ganz liebevoll. »Na, Schätzchens, gut geschlafen?« Wie Dr. Jekyll und Mr Hyde. Komischerweise wirken meine Kinder trotzdem nicht verwirrt.

HS: Geht mir ähnlich, nur dass ich auf diesen Schätzchenkram konsequent verzichte und unter verschärftem Morgendruck mit Drohung, Erpressung und psychischer Gewalt arbeite. Der Spruch: »Ich fahr' jetzt. Du weißt ja, wo's zur U-Bahn geht …« hat ein paar Wochen lang gut funktioniert. Dass ich Weihnachten und Geburtstag abschaffe, glaubt mir das Kind leider nicht mehr. Seit wir ein einziges Mal verschlafen haben und daher das Frühstück im Auto einnehmen mussten, findet Hans es super, überall zu frühstücken außer am Küchentisch. Manchmal kann ich ihn mit einer Banane locken. Dafür kleben nun jede Menge Speisereste auf den Autopolstern – immerhin ein beruhigender Notvorrat für schlechte Zeiten.

SL: Wieso Schätzchenkram? Ich bin mir ganz sicher, Wärme und Liebe sind das A und O der Erziehung. Man darf als Mutter oder Vater ruhig mal heftig werden, tricksen, auch mal schreien. Wenn das Kind sich wirklich geliebt fühlt, kann man einen Krach mit ihm riskieren. Wenn mein Sohn sein Ei so saumäßig isst, dass es sich über den halben Küchentisch verteilt, dann kriegt er Ärger. Und wenn meine Tochter bei ihren Hausaufgaben schlampt und ihre Handschrift wirkt, als habe an ihrem Schreibtisch gerade ein mittelschweres Erdbeben stattgefunden, kann sie es im schlimmsten Fall noch mal schreiben. So bei Erdbebenstärke 6,8. Da kenn ich nix. Aber beide wissen – spätestens am Ende des Tages gibt es eine liebende Umarmung. Schätzchenkram also. Alles andere würde ich selber nicht aushalten ...

HS: Keine Frage: Liebe und Konsequenz sind keine Gegensätze, sondern bedingen sich. Deswegen verstehe ich auch die ganzen Erziehungsratgeber nicht, wo so viele widersprüchliche Tipps gegeben werden, dass Konsequenz gar nicht mehr stattfinden kann. Offenbar glauben viele Eltern, dass sich Alltagsprobleme mit ganz viel Aufwand, mit Kursen und Therapien, eben mit outgesourcter Erziehung lösen lassen. Dabei lautet der kostbarste pädagogische Ratschlag: einfach mal Zeit nehmen. Nur kommt man viel zu selten dazu.

SL: Hast du deshalb manchmal ein schlechtes Gewissen?

HS: Permanent. Das Elterndasein bedeutet ein dauerndes schlechtes Gewissen: Habe ich das Kind genug gefördert? Habe ich es verletzt, gar irreparabel? Bekommt es genug Liebe, Anregung, zu viel Drill? Tauge ich als Vorbild überhaupt? Natürlich nicht. Und vor allem: Machen andere Eltern nicht alles immer sehr viel besser? Das Schreiben darüber hat für mich eine große entlastende Wirkung. Psychologen raten ja dazu, Probleme oder Gewissensbisse einfach mal in klare Worte zu fassen. Wenn ich unseren Alltag dann, bisweilen ein wenig überspitzt, zu Papier bringe, denke ich hinterher erleichtert: Wir sind ganz schön bescheuert. Aber gemeingefährlich sind wir nicht. Woran wird eigentlich in eurer Familie festgemacht, ob ihr erfolgreich erzieht?

SL: Ach, Erfolg. Ab wann kann man das schon sagen? Wir haben als Familie noch einen weiten Weg vor uns, die Kinder sind erst sechs und acht. Der größte Erfolg besteht im Moment darin, dass wir überhaupt noch erziehen können. Noch haben wir Einfluss auf unseren Nachwuchs. Aber man merkt schon, wie die Kreise der Kinder immer weiter werden. Plötzlich sind Freunde wichtig, manchmal fast wichtiger als wir Eltern. Die Klassenkameraden, die Fußballjungs. Der Einfluss von außen nimmt stetig zu. Außerdem beginnen die Kinder auch damit, uns zu betrachten und zu bewerten. Man merkt, sie kriegen einen Blick für uns, unsere Macken, unsere Stärken. Ihr kennt das vermutlich gut, euer Ältester steckt ja schon tief in der Pubertät. Halt – jetzt fällt mir doch ein Erfolgsziel ein. Einmal im Jahr kriege ich immer einen sehr deprimierenden Brief von der BfA, in dem steht, wie viel Rente ich ab dem Jahr 2032 erwarten kann. Der Betrag ist trostlos – viele Frauen kennen das. Die Auszeit durch die Kinder, jahrelang eher wenig verdient. Das rächt sich halt im

Alter. Da setze ich voll auf meine Kinder – eine kleine Einliegerwohnung in ihrem Haus vielleicht? Aber meine Tochter hat mir schon klargemacht, dass sie darauf nur eingeht, wenn ihr Haus wirklich, wirklich groß ist. Himmel, dabei ist sie noch nicht mal in der Vorpubertät.

HS: Ja, mit unserem Großen machen wir das langsame gegenseitige Entgleiten schon seit einigen Jahren durch. Die erste gute Nachricht: Der persönliche Freiraum der Eltern wächst wieder. Zweite gute Nachricht: Wir haben das Gefühl, dass er sich ganz häufig sehr verantwortungsvoll verhält, jedenfalls deutlich mehr als sein Erzeuger in den Oberstufenjahren. Dritte gute Nachricht: Er entfernt sich zwar, aber er kommt auch immer wieder zurück. Manchmal, völlig unerwartet, überzieht er seine Eltern mit Zärtlichkeitsattacken, er sagt nette Dinge und hängt sogar freiwillig die Wäsche auf, ohne dass wir ihn fünfmal lautstark darum bitte mussten. Vor allem dann, wenn er Bares braucht. Wir haben zwar dauernd dieses quälende Gefühl des elterlichen Gescheitertseins, aber oft ist es dennoch ein glückliches Gefühl. Es ist wohl genau diese Balance zwischen großem Glück und alltäglicher Verzweiflung, die die Erzieherei so spannend und eben auch so emotional macht.

SL: Das lässt mich ja für die Zukunft hoffen. Vermutlich werden unsere Kinder erst mit uns brechen, wenn sie auf einen Schlag alle Kolumnen lesen. Bei mir stehen die Kinder ja schon seit fünf Jahren unter Kolumnenbeobachtung. Lesen deine Kinder eigentlich, was du samstags über sie in der Zeitung schreibst? Und – was machen wir bloß, wenn die anfangen, über uns Kolumnen zu schreiben?

HS: Der Kleine kann noch nicht lesen, zum Glück. Und Geschichten, die dem Großen peinlich sein könnten, die vergesse ich komischerweise einfach. Alle paar Wochen wird er in der Schule angequatscht, aber nicht so, dass ich mir Sorgen machen müsste. Die Wurstfachverkäuferin meines Vertrauens sagt immer, dass meine Schilderungen sehr dicht an ihrer Realität seien. Dafür meiden mich manche Kindergarteneltern, weil sie Angst haben, in einer Kolumne aufzutauchen. Die Vorstellung, dass unsere Brut eines Tages über uns schreibt, bereitet mir eine Mischung aus Grusel und Vorfreude. Die Kinder von heute sind nun mal die Eltern und Autoren von morgen. Wobei ich auch nichts dagegen hätte, wenn meine Jungs einen anständigen Beruf lernten.

SL: Da haben wir doch am Ende ein gemeinsames Erziehungsziel gefunden: Die Kinder sollen einen anständigen Beruf lernen. Schon damit sie eines Tages in das große, große Haus ziehen können. Und wir auch!

Susanne Leinemann

Alle drängeln, außer Mutti

Der Supermarkt ist ein Kampfplatz. Ganz wie die Autobahn. Stellen Sie sich folgende Situation vor: Schilder kündigen an, dass eine dreispurige Autobahn sich gleich auf zwei Spuren verengt. Die mittlere Spur wird von einem gemächlich fahrenden Fiat Panda mit Tempo hundert blockiert. Was wird wohl passieren?

Wer kann, überholt noch kurz vor dem Nadelöhr. Die schwarzen BMWs rauschen links, die aggressiven Golf GTIs rechts an dem armen Pandafahrer vorbei, der vor lauter Rasern kaum mehr weiß, wo ihm der Kopf steht. Und wissen Sie was? Im Supermarkt bin ich der Fiat Panda – das Verkehrshindernis, das man kurz vor der Kasse noch schnell überholen will.

Gut, es stimmt, ich bin mit Kindern und Buggy ein wenig langsamer als die anderen. Der Buggy lässt sich in den engen Gängen schlecht manövrieren. Meinen darin sitzenden Sohn muss ich immer gut im Auge behalten, weil er gern beide Arme ausstreckt, um Verbotenes aus dem Regal zu angeln. Meine Tochter hängt sich an meine Jacke und lässt sich von mir zur Kasse schleifen. Dazu kommt, dass mein Einkauf wild überall im Buggy verteilt ist – ich habe schließlich keine Hand frei, um einen Zweitwagen, nämlich einen Einkaufswagen, zu schieben. Der Joghurt droht jederzeit vom Buggydach zu fallen, ich darf nicht riskant fahren und räume ein: Ja, es dauert dreißig Sekunden länger, bis ich die letzten Meter zur Kasse geschafft habe. Diese dreißig Sekunden werden von den anderen Kunden schamlos ausgenutzt.

Sobald ich in die Gegend komme, in der man schon deutlich das regelmäßige Piepsen der Scannerkassen hören kann, setzt ein Run ein. Die Frau mit dem übervollen Einkaufswagen nimmt den Umweg über die Kühltruhen, um mich links zu überholen und in der Kassenschlange frech vor mir einzubiegen. Zwei andere klappern im rechten Nebengang hektisch mit den Absätzen – sie bevorzugen beim Überholen die Deckung. Der Herr im Blaumann dagegen kennt gar keine Hemmungen. Er drängelt sich einfach im engen Gang an mir und den Kindern vorbei. Und kommt mit seinem dicken Hintern genau vor mir in der Schlange zum Stehen.

Das Ergebnis: Erst stand kein Mensch in der Schlange vor der Kasse. Es sah so aus, als käme ich gleich dran. Sekunden später habe ich vier Raser und Drängler vor mir stehen. Und so läuft es jedes Mal.

Viele Mitmenschen scheinen davon auszugehen, dass Mütter mit Kindern – weil sie langsam sind – unendlich viel Zeit haben. Und unendlich nachsichtig mit ihrer Umwelt sind. Irrtum! Wir ärgern uns! Irgendwann habe ich eine Dränglerin angefahren (eine alte Dame!), ich sei so ein freches Benehmen leid. Es war ein besonders enger Supermarkt, und der direkte Weg zur Kasse führte dicht am Spirituosenregal vorbei. Beim Anblick der vielen bunten Flaschen hängte mein Sohn sofort den rechten Arm extraweit aus dem Buggy raus und machte seine Beine lang. Die Botschaft war klar: Der Junge wollte abräumen. Also setzte ich fluchend mit dem Buggy zurück.

Und während ich mühsam manövriere, was höre ich da? Besagte alte Dame schimpft wütend los, wir stünden ihr im Weg. Danach drängt sie mit vollem Körpereinsatz an uns vorbei. Sie hätte mir ja auch helfen können, indem sie mir kurz zur Hand geht. Aber nein, sie musste ja die Nr. 1 an der Kasse sein.

Neulich, als wieder der ganz normale Supermarktwahnsinn ablief, dieser tägliche Krieg vor der Kasse, habe ich Rache genommen. Wieder hatten es drei Zeitgenossen geschafft, sich im letzten Moment vor die Kinder und mich zu setzen. Zufriedene Gesichter, wohin ich schaute. Ich ließ sie den Sieg einen kurzen Moment auskosten. Dann, als sie so richtig entspannt waren, nahm ich unvermittelt meinem Sohn den Ball weg. Die Reaktion war vorhersehbar: Er begann wild zu brüllen – und ich ließ ihn brüllen! Die Siegermienen vor der Kasse gefroren.

Noch nie habe ich meinem Sohn so vergnügt beim ohrenbetäubenden Schreien zugehört. Er bekam den Ball natürlich wieder – aber erst, als wir direkt vor der Kassiererin standen.

Hajo Schumacher

Einmal täglich blamieren

Eine der letzten ungeklärten Fragen der Menschheit lautet: Werden wir eher durch unsere Gene geprägt oder von Erziehung und Umwelt? Bei unseren Kindern ist die Sache eindeutig: Es liegt in den Genen. Der leiseste Versuch von Pädagogik tropft an ihnen ab, Argumente erst recht. Selbst Drohungen funktionieren nicht zuverlässig.

Genetisch bedingt ist zum Beispiel die Abneigung kleiner Jungs gegen Strumpfhosen. Früher war diese Phobie nachzuvollziehen. Die Plastikpellen knisterten, kratzten und sahen mit diesen vielen kleinen Knübbelchen auch noch haarsträubend hässlich aus, was aber auch am leberwurstenen Farbton gelegen haben mag. Selbst Robin Hood konnte dem Image des eng anliegenden Beinkleids nicht aufhelfen. Wahrscheinlich waren die Filme von der Elaste-Mafia gesponsert, die uns Kindern beibringen wollte, dass der coole Kerl den Sherwood Forest nicht ohne seine Strumpfhose verlässt.

Seither hat sich wirklich was getan beim Miederwarenangebot für den Herrn. Die moderne Strumpfhose, auch als fußfreie Leggings erhältlich, ist aus anschmiegsamem Material gewirkt, wird in ansprechenden Mustern ausgeliefert und lädt sich kaum noch statisch auf. Es gäbe keinen Grund für Hans, sich in sibirischen Wintern wie diesem der praktischen Unterwäsche zu verweigern. Außer: Die Abneigung liegt in den Genen.

»Es ist kalt draußen«, erkläre ich Hans am Morgen. »Ist gar

nicht kalt«, entgegnet der Kleine. Er ist offenbar Anhänger der gefühlten Temperatur. »Wir ziehen jetzt die Spiderman-Hose an«, sage ich. Man muss den Dingen nur neue Namen geben, habe ich neulich gelesen. Hans guckt interessiert, merkt aber schnell, dass es sich nur um seine hübsch geringelte Hass-Textilie handelt. »Nein«, sagt Hans. »Doch«, sage ich und nehme das Kind zärtlich in den Polizeigriff. »Du willst doch auch so cool aussehen wie Papa in seinen Sportsachen, oder?« Hans schüttelt den Kopf. Kleine Mistkröte. Als Läufer hat man gelernt, sich hübsch zu fühlen, wenn man sich mehrmals wöchentlich in ein Beinkondom aus Hochleistungsfaser zwängt, was immerhin die zahlreichen Problemzonen wegquetscht. Robin Hood, Spiderman, Papa – in Strumpfhosen sieht fast jeder gut aus, vor allem in blickdichten. Aber Hans will gar nicht gut aussehen. Er schreit und strampelt. Die besorgte Chefin schaut ins Kinderzimmer. »Lass mich mal«, sagt sie. Sie schafft es tatsächlich.

Im Auto allerdings versucht der Bengel, sich die Strumpfhose wieder auszuziehen. Bis zum Kindergarten hat Hans sich in einer dicken Wurst aus Hose, Socken, Schuhen, Gurt und Strumpfhose verheddert. Halb nackt hängt das Kind bei minus fünf Grad direkt vor dem Kindergarten aus der Hintertür und versucht zu fliehen. Die Mütter der konkurrierenden Kinder gucken interessiert, was wir da machen. Mein Lächeln sagt: Es ist nicht so, wie Sie denken. Ihre Blicke entgegnen: Rabenvater! Konfuzius sagt: Blamiere dich einmal täglich. Heute haben wir es mal wieder sehr früh geschafft. Und schuld sind nur die Gene.

Susanne Leinemann

Ein kleines Irrenhaus hat Ausgang

Neulich, auf dem Weg vom Kindergarten nach Hause, hat mich eine kinderlose Singlefrau überholt. Sie war schon eine Weile hinter uns hergelaufen, hatte erst die Szenerie beobachtet, zog daraufhin zügig an uns vorbei, warf noch einen vernichtenden Blick zurück und entschwand für immer. Eines ist sicher, dachte ich mir, die wird so schnell nicht schwanger. Nachdem sie uns gesehen hat, wird sie ihren latenten Babywunsch um weitere Jahre hinauszögern.

Dabei war nichts Besonderes los. Mein Sohn verschmierte stehend im Kinderwagen seinen Keks mit seinem Schnodder, während meine Tochter plärrend darauf beharrte, sofort umdrehen zu müssen, weil sie irgendwo im Großraum Berlin ihr Pflaster mit den bunten Sternchen verloren hatte. Das nervte. Nicht nur mich.

Von außen muss es ein bisschen so gewirkt haben, als hätte ein klitzekleines Irrenhaus heute Wandertag. Ich bin die Wärterin – aber wie es nach Jahren so geht, nähere ich mich dem Wahnsinn meiner Klientel an. Denn um meine Tochter abzulenken, meinen Sohn in Schach zu halten und mich selbst zu beruhigen, quatschte ich unentwegt auf die beiden Kinder ein. Irgendeinen Unsinn – über vorbeifahrende Autos, Hundehaufen und von einem fernen Pflasterparadies. Jedes Thema war mir recht.

Trotzdem – ich werde nicht gern so angeschaut. So kühl. Abschätzig. Abwertend. Wie jemand, den man abtun kann. Der nicht mehr dazugehört. Wie eine verdammte Mutter.

Sprechen wir es offen aus: Ich bin diskriminiert worden. Von einer Frau, mit der ich vor wenigen Jahren noch auf Augenhöhe gestanden hätte.

»Ich war auch mal so wie du«, wollte ich ihr hinterherrufen. »Ich habe es nicht vergessen, ich erinnere mich noch gut.« Erkannte sie mich denn nicht als ihresgleichen? Natürlich nicht.

Diese Singlefrau hatte eines dieser tollen Wickelkleider an, in Dunkelblau und ganz ohne Rotzflecken. Ihre Pumps zeigten keine Spuren von Sandkiste oder abgelaufenen Sohlen, die man sich bei den ewigen Kinderwagenfahrten durch die Stadt holt. Die Haare saßen prima, sie hatte sie in Ruhe zurechtgemacht. Dazu eine Tasche, die ihre Professionalität unterstrich. Ein freier, selbstbestimmter Mensch mit einem freien, selbstbestimmten Leben. Wie wirke ich dagegen?

Meist mache ich mir keine Gedanken, wie ich morgens aus dem Haus trete. Hauptsache, ich bin angezogen. Zu mehr langt es nicht. Schminken Sie sich mal mit einem Einjährigen am Bein, der die ganze Zeit entweder kräht oder Klopapier futtert oder die Regale ausräumt oder alles gleichzeitig. Und mit einer Dreijährigen, die einen Wutanfall nach dem anderen kriegt – weil der Fuß nicht durch das Hosenbein passt, weil der Fuß zu schnell durch das Hosenbein rutscht, weil da gar kein Hosenbein ist, wenn man versucht, sich einen Pulli untenherum anzuziehen.

Warum ich das alles erzähle?

Verehrte Unbekannte da draußen! Werte kinderlose Frauen meines Alters! Euch, die ihr lebt, als würdet ihr ewig fünfundzwanzig sein, verspreche ich hiermit: Ich will nicht eher ruhen, bis die Letzte von euch die Spuckspuren eines Kleinkindes auf der Kleidung trägt. Bis ihr nach saurer Milch riecht und übernächtigt seid – diesmal vom Kindergeschrei und nicht von der Party. Ihr, meine Lieben, müsst auch ran! Ich habe keine Lust, die ganze Zeit allein mit ein paar anderen auf dem Spielplatz herumzuhocken und mich auch noch von euch begaffen zu lassen.

Euch mag das Thema »Mutter« schon zu den Ohren herauskommen – ich werde euch ab jetzt regelmäßig mit Kolumnen belästigen. So lange, bis die Zahl der kinderlosen Akademikerinnen von 35 Prozent auf unbestrittene 25 Prozent gesunken ist. Dann höre ich auf.

Das ist doch ein faires Angebot.

Hajo Schumacher

Vom Schieben und Abschieben

Solange Hans klein war und im Babyjogger vor sich hin brabbelte, war alles in bester Ordnung. Ich lief, er schlief, die Mutter hatte Zeit für sich und erzählte überall herum, wie mustergültig der Papa sich um den Nachwuchs kümmere. Laufen mit Baby gehört zu den gesellschaftlich anerkanntesten Freizeitbeschäftigungen überhaupt. Wildfremde Frauen raunten mir bewundernd hinterher, manche kreischten sogar ekstatisch ihre Männer an: »Guck mal, Karlheinz, so ein toller Vater!« Ein brillantes Missverständnis. Der Vater trainiert, entzieht sich dem Spielplatzterror und wird noch bejubelt – das ist gleich dreifacher Profit.

Da nimmt man es sogar auf sich, den kleinen Scheißer mitten im Wald zu wickeln, weil er mal wieder genau dann die Windel überfüllt hat, wenn wir am weitesten vom Parkplatz entfernt sind. Leider entfaltet die Stinkbombe unten im Kinderwagen ihr ganzes Aroma, weil einer der beiden Klebeverschlüsse abgerissen ist. Alternativ überrieche ich das Malheur eine knappe Stunde lang und drücke der Chefin beim Nachhausekommen den Kleinen auf den Arm. »Ist gerade vor einer Minute passiert«, sage ich entschuldigend.

Inzwischen ist Hans dem Babyjogger leider entwachsen. Seine Füße schleifen schon über den Boden. Stillsitzen will der Lümmel auch nicht mehr. »Nimm doch das Bobbycar mit«, empfiehlt die Chefin, »dann kann er vor dir herfahren.« Tolle

Idee. Wir haben sie genau einmal ausprobiert. Leider hatte Hans größtes Vergnügen daran, immer vom Weg ab- und stracks ins Grüne zu fahren. Außerdem rollen Bobbycars auf Waldboden nicht, schon gar nicht inmitten von Matschseen. Immerhin eine kurze Tempoeinheit bekam ich – weil der Kleine beim Abhang zur Krummen Lanke das Bremsen vergaß. Das kleine Brennnesselfeld am Wegesrand beendete schlagartig unseren Sportausflug. Das botanisch unkundige Kind raste mitten hinein und fiel vor Schreck auch noch vom Sitz. Warum musste meine Frau ihm auch die kurze Hose anziehen? Nach knapp zwanzig Minuten ohne viel Laufen war das Training jedenfalls zu Ende. Ich trug ein brüllendes Kind auf den Schultern und das Bobbycar in einer Hand.

Wie aber soll das Vater-Sohn-Training weitergehen? Die Gattin empfiehlt ein Dreirad mit Schiebestange. Von wegen. Wenn die Pedalen sich mitdrehen, wird Hans sehr bald keine Schienbeine mehr haben. Vielleicht kann man einen Kindersitz vorn ans Rennrad klemmen. Ist aber auch Blödsinn. Da investiert man Unsummen in Kohlefaser-Komponenten, um ja kein Gramm zu viel die Hügel hochzuwuchten, und flanscht sich dann fünfzehn völlig überflüssige und zudem noch herumzappelnde Kilogramm ans Edel-Bike. Ausgeschlossen.

Nächste Woche werden wir eine ganz neue Variante ausprobieren. Ich habe ein eindrucksvolles Sortiment Sandspielzeug gekauft plus mannshohem Bagger. Damit werde ich Hans in die Sprunggrube vom Mommsenstadion setzen. Noch ein riesiges Eis dazu, und er gibt hoffentlich eine halbe Stunde Ruhe. Das reicht für ein paar lockere Runden. Mehr schaffe ich eh nicht.

Susanne Leinemann

Wahnsinnig wie Nero, wütend wie Chruschtschow

Wo ist unser kleiner Sonnenschein hin? Keine Ahnung, wer der blonde Junge ist, der im Moment bei uns lebt. Er sieht aus wie unser Sohn. Er bewegt sich wie unser Sohn. Aber er benimmt sich nicht mehr wie unser Sohn.

Der zweieinhalbjährige Kerl kriegt Wutanfälle wie Nikita Chruschtschow. Er ist mindestens so klagefreudig wie Nicolas Sarkozy. Seine zickenhaften Launen stehen denen einer Paris Hilton um nichts nach. Und ab und zu lacht er so wahnsinnig wie Nero vor dem brennenden Rom. Wir erkennen unseren Sohn nicht wieder. Was ist los? Er steckt in der Trotzphase. Klingt niedlich, wie?

Wir hatten gehofft, das Schlimmste läge hinter uns. Er blockierte schon vor Monaten bäuchlings schreiend den Supermarkt, das Treppenhaus, die Umkleidekabine – damals sagten wir uns: Das muss jetzt die Trotzphase sein. Heute wissen wir: Diese kleinen Szenen waren nur Vorboten; erste kräftige Windböen, circa Windstärke vier oder fünf, bevor das echte Orkantief anrollt. Eine der Tücken der Trotzphase besteht darin, dass man sich als Eltern vorschnell vorgaukelt, man hätte nun den Scheitelpunkt erreicht und sicher überschritten – bis ...

Nehmen wir die Autofahrt nach Potsdam am letzten Wochenende. Wir, die Eltern, saßen vorn, unser Sohn hockte hinten festgezurrt auf seinem Kindersitz. Noch war alles ruhig, keine Tränen, kein Wutanfall. Von fern gaben wir das Bild einer idyllischen Familie ab; wäre da nicht der Angstschweiß auf den Stirnen der Eltern gewesen und eine Mutter, die sich auffällig oft umdrehte. Wir wussten genau, welches hochexplosive Gefahrengut wir auf der Rückbank transportierten.

Wir fühlten uns wie Yves Montand in »Lohn der Angst«, als er einen Laster Nitroglyzerin über eine rutschige Passstraße befördern muss, immer am Abgrund vorbei. Auch unser Sohn konnte jede Minute hochgehen. Und tatsächlich – nach zehn Minuten fiel sein Blick auf den automatischen Fensterheber an seiner Tür. Draußen war es herrlich sonnig, aber immer noch kühl, jedenfalls hatten wir keine Lust auf ein sperrangelweit offenes Fenster, während wir über die Autobahn fuhren. Deshalb sprachen wir ein sanftes Verbot aus, erklärten es ihm.

Aber unser Sohn hörte nur »Nein«. Also brüllte er uns die nächsten fünfzehn Minuten zusammen. Er schrie so lange, bis sein Kopf tomatenrot angelaufen war und er sich in einer völlig absurden Stellung aus seinem Kindersitz herausgeschraubt hatte. Da war ich längst nach hinten gestiegen und versuchte, das völlig verschwitzte, verheulte und verrotzte Nervenbündel zu beruhigen.

Natürlich bemühen wir uns so gut es geht, solchen Wutanfällen vorzubeugen. Eltern trotziger Kinder erkennt man daran, dass sie alles – wirklich alles – mit ihrem Kind absprechen. Angenommen, man will ihm Wasser aus einer verschlossenen Sprudelflasche anbieten. Niemals – niemals! – einfach die Flasche öffnen. Jeden noch so winzigen Schritt mündlich abklären: Möchtest du Wasser? Soll ich das Wasser jetzt aus der Tasche holen? Willst du die Flasche aufmachen? Ja? Ach, du kriegst sie nicht auf. Soll ich dir helfen? Darf ich dir das Wasser jetzt reichen? Die Grundregel lautet: Immer erst mit der Handlung beginnen, wenn das Kind sie eindeutig abgenickt hat. So hat man eine Chance, einigermaßen friedlich durch den Tag zu kommen.

Doch dann wird man übermütig, zieht einen Keks aus der Tasche, bricht ihn gedankenlos mittendurch – und sieht im Augenwinkel die schreckgeweiteten Augen des Trotzkindes. Mama hat meinen Keks kaputt gemacht! Und Sie wissen, Sie werden diesen verdammten Keks niemals wieder zusammengeklebt kriegen. Ein fataler Fehler, alles zu spät. Schon holt er Atem. Schon geht die Sirene los, in schrillsten Tönen. Schweiß wird fließen, Rotz und Tränen.

Ich schwöre, würde dieser Zustand über Jahre andauern, wir würden irgendwann den Exorzisten anrufen. Zum Glück sind wir uns diesmal sicher: Es hat sich langsam ausgetrotzt. Wir erwarten unseren blauäugigen Sonnenschein in den nächsten Wochen zurück. Um Monate, wenn nicht um Jahre gereift.

Hajo Schumacher

Schwerlasttransport am Frühstückstisch

Wir sind eine kultivierte Familie. Tischmanieren gehören zum Fundament unserer werteorientierten Erziehung. Wir Eltern achten zum Beispiel penibel darauf, dass die Zeitungsseiten nicht auf den Marmeladenbrötchen der Kinder kleben. Erste Erfolge unserer Erziehungsarbeit stellen sich ein. Obwohl kaum 15, führt Karl das Messer nur noch selten wie einen Tomahawk. Und ein geschickt platzierter Margarineteller hält zumindest einen seiner Ellenbogen vom Tisch.

Hans dagegen verweigert sich der gehobenen Lebensart. Sein ergonomisch ausgereiftes Kindermesser mit dem lustigen Bären am Knauf betrachtet er wahlweise als Piratendolch oder als Jedi-Lichtschwert, jedenfalls als Waffe und nicht als Kulturwerkzeug. Womit wir bei einer steten Frühstücksfrage wären: Wer schmiert die Schrippe? Ginge es nach Hans, müsste man nur die Marmelade aus dem Glas auf das Brötchen tropfen lassen, am besten so lange, bis vom Backwerk nichts mehr zu sehen ist.

Aus Angst vor Kollateralschäden hat die Chefin die Semmel bereits mit einem Spezialmesser halbiert. Die Hälften scheinen auf Hansens Frühstücksbrett vor Angst leicht zu beben. Der Junge greift zum Glas. Soll er doch, denke ich und blättere interessiert durch einen Prospekt mit Hochdruckreinigern. »Du bist ein großer Junge und kannst das Brötchen selbst schmieren«, gurrt die psychologisch versierte Chefin. Sie legt Wert darauf, dass unter der Konfitüre eine zarte Schicht Hochleistungsmargarine appliziert wird, mit Omega-3-Hochleistungsöl, das für die Hirnentwicklung unerlässlich ist.

Ich bin als Kind leider in einem Omega-3-Mangelgebiet aufgewachsen und halte es schon für eine Leistung, wenn der Kleine mit dem Finger schmiert, kulturhistorisch ja der Urahn aller Werkzeuge. Außerdem parkt die Margarine weit weg unter Karls Arm, der wiederum den Sportteil hält. Aber nein, es muss ja das Kindermesser sein. Hans stützt sich im Salami-Teller auf und bohrt den Dolch in die Margarine, um in Zeitlupe etwa zweihundertsiebzig Gramm einmal quer über den Tisch zu balancieren. Zwanzig Zentimeter vor der Schrippe und leider genau über meiner Kaffeetasse findet der Schwerlasttransport – platsch – ein jähes Ende. »Brauchste keine Milch mehr«, wiehert Karl. Die Chefin prustet. Und statt schuldbewusst dreinzublicken, grinst mich Hans einfach nur frech an. Es war nicht alles schlecht bei den Preußen. Aber leider ist die Chefin gegen Backpfeifen. Ich rede mir ein, dass der mit Omega-3 getunte Kaffee »Dr. Kawashimas Gehirnjogging« ersetzt, schnappe mir die halben Schrippen und schmiere sie vorschriftsmäßig. Hans guckt mäßig interessiert zu und knabbert derweil an meinem Brötchen. Huldvoll nimmt er sein Frühstück schließlich entgegen.

Die schlechte Nachricht: Schmieren wird er nie lernen. Die gute: Er hat das Prinzip der arbeitsteiligen Wirtschaft früh kapiert.

Susanne Leinemann

Zum Russenspielplatz oder zu den Latte-macchiato-Gazellen?

Im Kindergarten bei uns um die Ecke herrschte große Aufregung. Marvin war vormittags beim Spielen vom Klettergerüst gefallen und hatte sich eine Rippe gebrochen. Es stellte sich heraus, dass der Dreijährige auf einer oberen Sprosse einfach eingeschlafen war. Weil er – wie seine Mutter ehrlich zugab – in der Nacht davor bis 23 Uhr ferngesehen hatte. Daraufhin wurden alle Eltern systematisch abgefragt, wie viele Stunden ihre Kleinkinder am vorigen Abend vor dem Fernseher gesessen hätten. Und ob sie vor Mitternacht schon im Bett waren.

Plötzlich reden alle von Unterschicht. Manche kriegen das Wort kaum über die Lippen, so inkorrekt finden sie die Behauptung, es gebe oben und unten. Ich muss nicht RTL 2 oder »Die Super Nanny« schauen, um Klassenunterschiede etwa bei der Kindererziehung zu erkennen. Hier die Mütter, die ihren Kindern nachmittags Öko-Obst aus der Tupperbox reichen. Dort die anderen, die ihren übergewichtigen Kleinen eine Dose Fanta zu weißen Marshmallow-Mäusen servieren. Ich muss bloß auf den jeweiligen Spielplatz gehen.

Bei uns in der Nähe gibt es drei Spielplätze. Der erste ist sehr beliebt, er liegt an einem belebten Platz mit Bäumen, Restaurants, Cafés und lauter Latte-macchiato-Take-away-Stationen. Auf diesem Spielplatz gibt es schöne Mütter. Sie erinnern mich an Gazellen. Hochgewachsene Frauen mit glänzendem, gepflegtem Haar, deren lange Beine in Schaftstiefeln stecken. In der manikürten Hand halten sie ein Handy oder eben die Latte. Auf diesem Spielplatz hat man Geld. Der Nachwuchs hier schaut nicht fern. Höchstens mal eine DVD, um die kindliche Intelligenz zu fördern. Oder den Sandmann. Aber nur, um danach pädagogisch deutlich zu machen, dass man den Fernseher nicht nur an-, sondern auch ausstellen kann.

Der zweite Spielplatz ist fest in der Hand der Russinnen. Morgens sind es die russischen Tagesmütter, die sich dort mit den Kindern aufhalten – oft ältere Frauen mit Kurzhaarschnitten, die Kette rauchen und ein desinteressiertes Verhältnis zu den Kindern zu haben scheinen. Eine Bekannte, selbst Russin, hat mir erzählt, dass diese Frauen höchstens zwei, drei Euro die Stunde verdienen – und dafür müssen sie nicht nur das Kind der Familie betreuen, sondern auch den Haushalt führen. Einkaufen. Putzen. Waschen. Bügeln. Auf dem Spielplatz haben sie einen Moment Ruhe vor ihren Arbeitgeberinnen. Deshalb werden die Kinder schnell abgefertigt.

Der dritte Spielplatz gehört der Unterschicht. Im Gegensatz zu den ersten beiden tauchen hier auch wochentags Väter auf. Die sind meist tätowiert, und beim Anblick ihrer Frauen würde niemand an Gazellen denken. Die Mütter haben müde Gesichter und aus der Form geratene Körper. Im Laufe dieses Sommers sind einige Frauen wie Hefeteig aufgegangen. Sie blieben blass, obwohl die Sonne ständig schien. Der Umgang mit ihren Kindern ist von liebevoller Rauheit. Während die Gazellen ihren Töchtern gern mal ein wütendes »Zicke!« zuzischeln, werden sie hier lauthals als »blöde Kuh« beschimpft.

Ich gehe ganz gern ab und zu auf den letzteren Spielplatz. Nicht nur, weil ich irgendwann die Gazellen überhabe. Sondern weil die Kinder dort untereinander normal spielen können. Da springt nicht bei jedem Konflikt gleich eine überbehütende Mutter herbei, um im pädagogisch wertvollen Gespräch das Problem zu lösen. Hier dürfen die Kinder bis zu einem gewissen Punkt die Dinge unter sich austragen. Das finde ich gut. Auf dem Gazellen-Spielplatz wollen alle nur ewig brave, saubere, hübsche Kinder haben.

Im Sommer lernte ich auf dem Unterschicht-Spielplatz eine jugendliche Babysitterin kennen. Wir kamen ins Gespräch. Sie erzählte, sie betreue einen dreijährigen Jungen. Jeden Abend bringe sie ihn ins Bett, weil seine Mutter dann noch arbeiten müsse. »Oh«, sagte ich, »Respekt. Ins Bett bringen ist ja nicht immer ganz leicht bei kleinen Kindern.« Wie sie das denn anstelle? »Kein Problem«, sagte sie, »er hat einen Fernseher im Kinderzimmer. Vor dem Zubettgehen schaut er immer eine Stunde lang, dann dämmert er weg.« Vielleicht, denke ich jetzt, war es Marvin, den ich damals auf dem Spielplatz gesehen habe. Marvin, der von der Sprosse fiel. Nach ganz unten.

Hajo Schumacher

Vorsicht vor Piratisierung

Der Werteverfall im Kinderzimmer ist dramatisch. Früher kommandierten untadelige Seemänner wie die Kapitäne Iglo und Blaubär den Nachwuchs. Heute regiert nur einer: Käpt'n Sharky, Weichei-Pirat von Beruf. Keine Einladung zum Kindergeburtstag, kein Stift, kein Heft, kein Kopftuch ohne das Emblem mit plumpem Kugelfisch und gekreuzten Säbeln. Eltern piratisieren ihre Kinder mit knapp hundert Sharky-Devotionalien, vom Sharky-Familienplaner bis zur Sharky-Milchzahndose. So sollen die Kleinen vor der gefürchtetsten aller Kinderkrankheiten geschützt werden: Spießigkeit.

»Piraten überfallen Schiffe, fesseln die Seeleute und klauen die Ladung«, erkläre ich Hans. Er ist vier und klappt mit routiniertem Griff die Kanonen seines Playmobil-Schiffs aus. Mein Sohn hat die Augenklappe auf die Stirn geschoben. »Neulich haben Piraten versucht, ein Kreuzfahrtschiff zu kapern, vor Afrika. Und Handelsschiffe entführen sie fast jeden Tag«, erkläre ich. Hans nickt wieder. »Das war Käpt'n Sharky«, sagt er. »Nein, das waren Verbrecher. Sie erpressen Lösegeld für die Schiffe und ihre Besatzung«, entgegne ich. Hans guckt mäßig interessiert. Gesetzesbruch ist für ihn kein Grund, den Berufswunsch zu wechseln, überaus attraktiv dagegen die Vorstellung, einen Enterhaken in eine fremde Takelage zu werfen. »Was würdest du machen, wenn Mama und Papa an Bord wären?«, frage ich mit leichtem Tremolo. »Käpt'n Sharky tut euch nichts«, sagt Hans.

Ich traue dem Freibeuter dennoch nicht.

In der Fantasie vor allem weiblicher Filmfans tobt Jack Sparrow herum, leicht durchgeknallt, im Grunde aber ein guter Kerl; es gibt Sir Francis Drake, der früher immer zu Ostern im Fernsehen kam, und Klaus Störtebeker, eine Art Robin Hood der Meere. Dann gibt es Internetpiraten, meist Hohlbirnen, die sämtliche Rechte an geistigem Eigentum sozialisieren wollen, wahrscheinlich, weil sie selbst keins haben. Und dann gibt es noch echte Piraten, die vor Afrika praktisch täglich ungebeten eine Bordwand erklimmen, wogegen selbst die Super-Ninjas von der GSG 9 chancenlos sind.

Leider sind Sparrow und Sharky stärker als die Realität. Sie haben weite Kreise der Gesellschaft gekapert, wie sich einige Tage später am Wannsee herausstellt. Hans trägt ein Kopftuch mit gekreuzten Säbeln und Kugelfisch und verbuddelt Steine im Sand – der Piratenschatz. Ein sonnen- und biergerötetes Pärchen marschiert vorbei. Er trägt zur Adilette eine Matrosenmütze und ein Sweatshirt mit gekreuzten Säbeln und der Aufschrift »Sansibar«. Sie steckt in einem zeltartigen Hemd, bedruckt mit Tauen und Rosen und Totenkopf, Motive, wie sie die Effenbergs auf dem Körper tragen. »Piraten!«, ruft Hans fröhlich. Der Sansibarbar sagt »Ahoi«, winkt, schlendert zum Glück aber weiter. Hans will zu seinen neuen Freunden rennen. Ich erwische ihn gerade noch am Fuß. Hans spuckt Sand und will losheulen. »Echte Piraten weinen nicht«, wage ich zu sagen, aber nur, weil die Chefin außer Hörweite ist. Hans wirft mit Sand nach mir. Um meine Autorität zu wahren, werde ich mir alsbald Kopftuch und Säbel zulegen müssen.

Susanne Leinemann

Kasperle spielt um sein Leben

Ein Kindergeburtstag ist wie eine Geburt. Kein guter Rat und kein Kursus können einen wirklich auf das vorbereiten, was auf einen zukommt. Bevor es losgeht, denkt man noch, halb so schlimm. Gut, man hat Warnungen anderer Eltern gehört. Berichte von bemalten Wänden, blutigen Unfällen und Nervenzusammenbrüchen. Aber dann geht man im Geiste alles noch mal durch: Fünf vierjährige Geburtstagspartygäste treten gegen zwei erwachsene Aufsichtspersonen an – was soll schon passieren?

Pünktlich um 15.30 Uhr klingelten die ersten kleinen Gäste. Auf der Kaffeetafel türmte sich ein Berg gefüllter Pfannekuchen, dazu Saft und Kakao. Gedeckt war auf Wunsch der Tochter im Piratenstil, auf den Servietten hielt ein wilder Kerl sein Krummschwert hoch. Für jedes Kind lag eine kleine Tüte parat, gefüllt mit Überraschungen und Süßigkeiten, die es am Ende der Party mit heimnehmen durfte. Mit solchen Gegenpräsenten verärgert man die anderen Eltern, weil deren hausinterne Süßigkeitenpolitik nach jedem Kindergeburtstag für mindestens eine Woche aus den Fugen gerät. Darauf konnten wir keine Rücksicht nehmen, die Tüten sind Pflicht.

Die eigentlichen Feierlichkeiten begannen mit einem Kasperletheater. Außer Kasperle traten der Wolf, der Polizist und die Prinzessin auf. Wichtig ist, die Kinder vom ersten Moment an zu fesseln. Deshalb musste mein Mann als Rampensau ran, ich selbst bin sogar vor einem Publikum von Vierjährigen zu gehemmt. Er spielte den bösen Wolf und den berlinernden Polizisten. Ich übernahm die Rolle eines verwirrten Kaspers und einer zarten Prinzessin. Höhepunkt war die wilde Prügelei von Kasper, Wolf und Polizist. Das Stück war ein voller Erfolg, am Schluss kreischten unsere Gäste vor Begeisterung. Die Stimmung war super – ich dachte, jetzt noch ein paar Spiele, danach abendliches Würstchenessen, und alles ist gelaufen. Denkste.

Es war nun 16.05 Uhr. Noch zweieinhalb elend lange Stunden, bis die Kinder abgeholt würden. Zeit für die Kakaotafel. Die Kinder zappelten auf den Stühlen herum, bissen mal kurz in die Pfannekuchen, dass das Pflaumenmus spritzte, und rannten gleich wieder um den Tisch. Sie waren nicht zum Tafeln gekommen, sie wollten Programm! Also legten wir mit den Spielen los. Reise nach Jerusalem. Topfschlagen. Einen am Seil baumelnden Fruchtgummischnuller ohne Hilfe der Hände vertilgen. Wir boten alles auf, was das einschlägige Kindergeburtstags-Entertainment so hergibt.

Was wir nicht bedacht hatten: Die Konzentrationsspanne aufgeregter Vierjähriger entspricht etwa der Länge eines Kinotrailers. Spätestens nach drei Minuten war das Spiel blöd, und eine neue Attraktion wurde erwartet. Um 16.40 Uhr waren wir mit allem durch – Kasperle, Kuchen, Spiele, Nerven. Zunehmend panisch sah ich auf die Uhr. Was denn, noch zwei Stunden, bis die Gäste abgeholt werden?

Schauen Sie mal in zehn erwartungsvolle Kinderaugen in dem Wissen, dass die längste Strecke noch vor Ihnen liegt und Ihnen die Ideen ausgehen. Ich begann die Spiele zu strecken. Mein Mann war als Hilfe längst ausgefallen, weil unser kleiner, klammernder Sohn ihn wie eine Parkkralle lahmlegte. Er fehlte, und wie! Kira, die Älteste der Geburtstagstruppe, begann mich zu durchschauen – es fielen erste kritische Worte über meine lahme Spielführung. Da lenkte plötzlich ein durchdringender Schrei von allen Problemen ab. Sandrine hatte sich den Finger in der Badezimmertür gequetscht, sie weinte bitterlich. Die nächsten fünfzehn Minuten waren gerettet. Finger kühlen. Sandrine trösten. Stoßgebete. Der Finger soll jetzt bitte nicht dick und blau werden! Wie sollten wir das nachher ihrer Mutter erklären?

Um 17.55 Uhr fiel mir endgültig nichts mehr ein. Alle Spiele gespielt, die Würstchen gegessen – und noch fünfunddreißig Minuten bis zum Ende des Kindergeburtstags. Jetzt half nur noch Kasperle II. Panisch bauten wir das Theater noch mal auf und spielten noch mal – ja, was eigentlich? Wir spielten einfach drauflos. Dadaistische Dialoge, exzessive Prügelszenen, Kamellen wie beim Karneval. Mein Mann und ich machten uns zum totalen Affen, nur, damit die Minuten vergingen. Es war ein Kampf gegen die Uhr. Zum Glück sind die einzigen Zeugen eine Bande Vierjähriger.

Nächstes Jahr kommt ein Animateur ins Haus. Oder wir gehen zu McDonald's.

Hajo Schumacher

Auf die Plätze! Fertig! Sieg!

Es begann damit, dass Hans Sofakissen und Bettdecken am Ende des Flurs zu einem großen Haufen türmte. Er nahm Anlauf und sprang kopfüber in den weichen Haufen. Kaum standen wir auf der Straße, rannte er los, als wäre eine Wespe hinter seinem Eis her. Im letzten Moment konnten wir ihn gestern Abend davon abhalten, eine Galia-Melone zwischen Kinn und Schulter einzuklemmen und kraftvoll durch das geschlossene Küchenfenster zu stoßen. Die Leichtathletik-WM, die bei uns, wie jedes Sportereignis, ununterbrochen im Fernsehen läuft, hat Kollateralschäden im zarten Hirn unseres Vierjährigen verursacht. Während Karl, fünfzehn, den Berufswunsch »Diskuswerfer« unter Hinweis auf drittklassige Verdienstaussichten nicht weiter in Betracht zieht, glaubt Hans noch an das Gute der olympischen Kernsportarten.

Und beschert mir damit eine weitere Papa-Peinlichkeit. Väter und Söhne, die einträchtig auf Sportplätzen trainieren, gibt es nur in schleimigen amerikanischen Familienfilmen. Die Berliner Realität ist gruseliger. Auf den Steinstufen des kleinen Stadions an der Hubertusallee sitzt ein Dutzend Mütter mit prallen Rucksäcken voller Snacks und Fitnessgetränke. Offenbar können Kinder ein Fußballtraining nicht durchstehen, ohne sich alle zehn Minuten einen Imbiss zu holen. Auf der Tartanbahn posieren blasierte Teenager in Spikes. Haben wohl auch zu viel WM geguckt.

Hans ist beeindruckt, der Vater fremdelt. Wir sind falsch angezogen, sehen auch sonst kaum aus wie Leichtathleten und sind nicht mal Vereinsmitglieder. Der Sohn quengelt. Er will einen Start hinlegen. Hans darf die Kommandos geben: »Auf die Plätze«, … Finger an die Linie, wie wir das im Sportunterricht kurz nach dem Krieg mal gelernt haben … »Fertig«, … Hintern hoch, Augen nach vorn, angespanntes Warten … doch noch bevor er das entscheidende »Los« brüllt, ist Hans bereits gestartet. Nach fünf Metern jubelt er: »Sieger! Sieger!«

Na großartig: Wieder so ein pädagogisches Dilemma. Erklärt man ihm die wahre, harte, kalte Welt, die Unart des Fehlstarts und den Betrug im Sport ganz allgemein, nimmt man ihm Illusionen und Siegesfreude, und er wird bald Ritalin nehmen müssen. Lässt man ihn im Glauben, er habe seinen Vater in einem heroischen Wettkampf besiegt, schaukelt man ihn in einer Traumwelt.

Ich ziehe den Junior an den Laufbahnrand. Erst mal positiv bestärken: »Du bist toll gelaufen«, sage ich generös, »aber die Regel lautet: Es wird erst gelaufen, wenn der Schuss knallt oder jemand ›Los‹ ruft.« Ein magerer Teenager mit Spikes geht vor uns in Startposition. Plötzlich rennt er los, ohne jedes Kommando. »Da hat auch niemand ›Los‹ gesagt«, merkt Hans an, leider völlig zu Recht.

»Er trainiert ja nur«, sag ich.

»Wir trainieren auch«, sagt Hans.

Ich schweige und vertraue auf kompetente Regelvermittlung im Kindergarten.

Wir schlendern einmal um den Platz, damit der Junge einen Eindruck bekommt, wie grausam lang vierhundert Meter sein können. Hans ist beeindruckt, will aber zurück nach Hause. Im

Fernsehen gibt es gleich »Martin Morgen«, seine Lieblingsserie. Zum Glück ist die Leichtathletik vergessen, jedenfalls bis zur nächsten WM.

Susanne Leinemann

Liebe Eltern, stehen Sie auf und greifen Sie ein!

Wir hatten einen Beinahe-GAU (seit Fukushima wieder bekannt: GAU = Größter Anzunehmender Unfall). Unser Sohn, drei Jahre alt, stand minutenlang vollkommen unbeaufsichtigt am Rand des Bürgersteigs einer ziemlich befahrenen Straße und rang mit sich, ob er die Straße allein überqueren sollte. Denn auf der anderen Seite liegt eine Eisdiele, und in dieser Eisdiele vermutete er seinen Vater. Doch sein Vater war, genau wie ich, auf dem nahe gelegenen, sehr vollen Spielplatz – wir suchten zunehmend verzweifelt unseren verloren gegangenen Sohn. So das Szenario.

Das Wichtigste zuerst: Es ist alles gut gegangen. Das verdanken wir unserem Sohn. Denn er ist tatsächlich – das ist jetzt die gute Nachricht – inzwischen so vernünftig zu wissen, er darf nicht allein eine Straße überqueren. Allerdings rangen zwei Seelen in seiner Brust, denn seine Füße hielt es nur noch halb auf dem Bürgersteig. Die Fußspitzen ragten schon auf die Straße. Sie können sich vorstellen, wie dicht die Autos an ihm vorbeifuhren.

Jetzt die schlechte Nachricht: Es waren sehr viele Eltern mit ihren Kindern anwesend. Sie waren auf dem Spielplatz, sie saßen im Eiscafé und in dem benachbarten Café. Einige waren längst auf unseren Sohn, der offensichtlich ohne elterliche Aufsicht war, aufmerksam geworden. Doch niemand kam ihm zu

Hilfe. Alle blieben seelenruhig sitzen, tranken weiter ihre Latte macchiato, schleckten ihr Eis, spielten mit den eigenen Kindern. Wie lange er dort stand? Drei Minuten, vier oder vielleicht sogar fünf. Fünf Minuten, in denen ein kleiner Junge am Straßenrand steht und jede Sekunde in den laufenden Verkehr rennen könnte, sind eine halbe Ewigkeit.

Natürlich, die Hauptschuld tragen wir. Wir haben unseren Sohn aus den Augen verloren. Das Ganze war, wie so häufig, ein Übergabeproblem. Auch in Kernkraftwerken weiß man seit Tschernobyl, dass die risikoreichste Zeit immer die der Übergabe von Arbeiter A an Arbeiter B ist. Dann nimmt die Unkonzentriertheit zu. An diesem Tag tauchte mein Mann unerwartet früh auf dem Spielplatz auf, die Kinder freuten sich sehr, ich entspannte mich und dachte, ab jetzt hat er ein Auge auf sie. Er dagegen fand, man sollte die Gesichter der Kinder dringend von den Schokoladeneisspuren reinigen, und ging rüber zur Eisdiele, um Servietten zu holen. So fing das Malheur an: Mein Sohn sah ihn zur Eisdiele gehen, ich wähnte meinen Sohn bei meinem Mann, mein Mann glaubte ihn bei mir, und dann verpassten sich auch noch alle Akteure auf ihren Wegen.

Einem Unglück geht in der Regel eine Reihe von blöden Zufällen voraus. Irgendwann war uns aufgefallen, dass weder der eine noch der andere unseren Sohn in Obhut hat. Seine Schwester hatte ihn auch nicht gesehen. Und so begann die Suche. Anfangs noch entspannt, dann zunehmend hektisch – an der Hangelstange, hinter den Büschen, wo er sich so gern versteckt, unter der Rutsche.

Erst als ich den Spielplatz durch den falschen Ausgang verließ, sah ich ihn am anderen Ende des Platzes stehen. Ein kleiner Kerl vor fließendem Verkehr. Mir rutschte das Herz in die Hose. Ich rannte so schnell ich konnte zu ihm hinüber, umfasste ihn von hinten und zog ihn von der Straße weg. Die Eltern im Eiscafé und im Café gegenüber beobachteten mich interessiert. Sicher hatten sie sich schon Gedanken gemacht, wie diese verantwortungslosen Eltern wohl ausschauen, die ihr Kind allein am Straßenrand stehen lassen.

Liebe Eltern, falls Sie meinen Sohn irgendwann wieder einsam am Straßenrand herumlungern sehen, stehen Sie bitte von Ihrem Platz auf und greifen Sie ein. Gehen Sie zu ihm hin, sprechen Sie ihn mit ruhiger Stimme an und bringen Sie ihn aus dem Gefahrenbereich. Keine Sorge: Ich empfinde das nicht als Eingriff in meine Privatsphäre. Im Gegenteil. Sie sind in so einem Moment überlebenswichtig. Ich wäre Ihnen ewig dankbar.

Sollte es allerdings nochmals zu einer ähnlichen Situation kommen, und ich sehe Sie alle wieder dumpf herumsitzen, anstatt sich eines verlorenen Dreijährigen anzunehmen, dann – es tut mir schrecklich leid – werde ich ausfällig werden. Denn es reicht nicht, sich immer nur um die eigenen Kinder zu kümmern. Ab und zu muss man auch ein Auge auf fremde Kinder haben, wenn die sich in einer riskanten Lage befinden. Wir sind die Erwachsenen. Wäre schön, wenn wir uns auch so verhalten.

Hajo Schumacher

Streng bewachte Kindheit

Neulich war wieder Elternabend. Wie jedes Jahr fand sich auch diesmal niemand, der für die Elternvertretung kandidieren mochte: Keine Zeit, so viel Arbeit, schon vor zwei Jahren mal gewählt gewesen, bringt doch nichts – die Ausreden waren auch mal origineller. Offenbar genießt die innerschulische Demokratie keinen hohen Stellenwert. Die Sicherheit dafür umso mehr. Betreuungsmonster-Mütter und Rundumservice-Väter sind sich einig, dass die Klassenfahrt an die Ostsee so riskant ist wie der Einsatz in Afghanistan. Kann man einem Teenager einen derart gefährlichen Trip überhaupt zumuten? Was ist, wenn ein Tsunami an die Küste drängt, Geschwader von Killermücken aus den Wäldern aufsteigen oder der Früchtetee im Schullandheim mit künstlichem Farbstoff versetzt wurde?

Eine besonders treusorgende Mutter fragte, ob der Bus denn über Sicherheitsgurte verfüge. Ungläubige Blicke. Nun, erklärte Mutter Decourage, sie habe im Fernsehen gesehen, dass deutsche Reisebusse erhebliche Mängel bei der Gurtversorgung aufwiesen. Wie soll man sich denn auf der Rückbank balgen, im Mittelgang schlafen oder sich am Hintermann für eine Kopfnuss rächen, wenn alle angeschnallt sind? Aber wahrscheinlich fährt der Bus gar nicht erst los. Denn außerdem, erklärte die Besorgte, müsse ein unabhängiger Gutachter vor der Abfahrt erst das Fahrzeug auf Verkehrstüchtigkeit überprüfen. Solange können die Kinder dann auf der Straße knutschen, aber nur mit

Mundschutz, wegen Schweinegrippe. Man könnte den Fahrer derweil einem Alkohol- und Drogentest unterziehen.

Der Sicherheitswahn hat unsere Kinder in lebende Fabergé-Eier verwandelt. Sie bewegen sich vollgepolstert durch die Welt, abgeschirmt von allen Facetten der Realität, die jenseits eines scheinheiligen Bullerbü liegen: Anstrengung, Enttäuschung, Gefahr – alles schadet vermeintlich der zarten Kinderseele. Jeder Kratzer wird umgehend mit drei Sorten Desinfektion versorgt. Und dann ab zum Psychologen, die posttraumatische Belastungsstörung wegpendeln.

Neulich erwischte uns die Chefin, wie wir uns gegenseitig von der Helmpflicht entbanden. Ich war sicher, dass unser Vierjähriger die paar Meter zum Spielplatz ohne lebensgefährliche Schädelfrakturen würde bewältigen können. »Bist du denn wahnsinnig?«, fragte die Gattin empört. »Der Helm ist wie Zähneputzen – unverhandelbar.« Ich war da nicht so sicher. Wenn Kinder morgens mit dem Auto zum Kindergarten gefahren werden, nachmittags zum Musikunterricht geshuttelt und danach nur im Raumfahrtanzug ihr Malbuch bekritzeln dürfen, wie sollen sie jemals lernen, sich im Ernst des Lebens zurechtzufinden? Erst wer tatsächlich mal auf dem Schulweg beraubt worden ist oder sich mit dem Rad auf die Nase gelegt hat, der lernt, wenn auch drastisch, bestimmte Gefahren künftig zu meiden oder damit umzugehen.

Egal. Als Nächstes werden wir wohl die Handy-Ortung für Kinder einführen. Ist der neueste Hit, heißt es auf der Elternversammlung. Haben schon fast alle. Wir nicht. Aber bald. Wollen ja keine Rabeneltern sein.

Susanne Leinemann

Der ansteckende Tugend-Terror

In unserem Kindergarten grassiert ein Virus. Sie denken an Schweinegrippe? Nein, da liegen Sie falsch. Ich meine den Hysterie-Virus. Er äußert sich in verkniffenen Versuchen, jeden angeblich oder wirklich ein bisschen ungesunden Spaß der Kinder eliminieren zu wollen. Süßigkeiten? Nie, nie, nie! Nutella beim Gruppenfrühstück? Gehört verboten! Einen Weihnachtsfilm in der Kita-Bibliothek gucken? Verboten! Fernsehen verblödet.

Eltern, die der Virus befallen hat, treten immer vehementer auf. So, wie sie wollen, so müssen alle. Was sie als schädlich ansehen, darf keiner mehr tun. Ihr »Nein« ist absolut diktatorisch. Es darf in ihrem Umfeld keine Ausnahmen geben – zuckerfrei und animationsfrei 365 Tage im Jahr. Das nenne ich Tugend-Terror.

Nehmen wir die diesjährige Sankt-Martin-Feier. Unsere Kita ist ja katholisch, Sankt Martin also eine große Sache. (Im atheistischen Berlin hat man Sankt Martin kurzerhand entweiht und zum geschmacksneutralen Laternenfest umgetauft. Die Geschichte vom römischen Soldaten Martin, der mit einem Bettler seinen warmen Mantel teilt, ist ja auch eine ganz schlimme christliche Indoktrination, klar, das muss aus Kinderhirnen gelöscht werden.) Dieses Jahr sollte wieder vor dem Sankt-Martin-Umzug der Kita ein Theaterstück aufgeführt werden. Es hat einen ganz wunderbaren Höhepunkt: Am Ende regnen goldene Schokotaler auf die Kinder herab.

Einmal habe ich selbst auf dem Balkon gestanden und im Engelskostüm die Schokotaler geworfen. Noch Monate später, es war längst Sommer, sprachen mich Kita-Kinder auf den Märchenmoment an: »Bist du nicht der Engel, der bei Sankt Martin die Taler geworfen hat?« Ich kann nur raten: Wer im Alltag zu wenig Zuspruch erfährt, der soll sich ruhig mal auf diesen Balkon stellen. Die Kinder vergessen einen lange, lange nicht – das Bild der fallenden Taler, die in der Dunkelheit aufblitzen, prägt sich tief ein. Außerdem schmecken sie super.

Womit wir wieder beim Virus wären. Dieses Jahr keine Schokotaler! Das sei nicht gewünscht, heißt es aus dem Elternbeirat. Denn dieses Jahr sitzt darin auch eine Zahnärztin, die hat die entsprechenden Studien gelesen, und die Studien besagen: Sankt Martin hin oder her, Schokotaler sind schlecht für die Zähne. Kein Milchzahn darf damit in Kontakt kommen. Niemals!

Man könnte natürlich Mohrrüben vom Balkon werfen. Oder gleich Zahnbürsten. Aber auf sehnsüchtige Blicke der Kinder kann man dann lange warten.

Was ist denn mit den Leuten los? Sankt Martin und Süßigkeiten – das ist untrennbar verbunden. Im Rheinland sammeln die Kinder tütenweise Süßigkeiten an diesem Tag, an dem sie singend von Haus zu Haus gehen. Wen die Zuckerschlacht zu sehr stört, der soll halt mit seinem Kind zu Hause bleiben. Aber man kann doch nicht der Mehrheit ungefragt seinen verkrampften Lebensstil aufdrücken.

Das Taler-Problem wurde übrigens entschärft. Ein anderes Stück wird dieses Jahr aufgeführt – Kasper und Seppel erklären Sankt Martin. Garantiert zuckerfrei.

Hajo Schumacher

Kein Opferschutz für Väter

Wir sind eine technologisch reduzierte Familie. Wir besitzen keine Spielekonsole, keinen Gameboy, nicht mal eine Mikrowelle. Es gibt ja Fernsehen, um die Jungs zu unterhalten, und den Pizza-Service, um sie abzufüttern. Ein überschaubarer Elektronikpark bewegt die Söhne immerhin zu mehr Kreativität. Nicht, dass sie plötzlich Bücher läsen oder mal was malten, nein, sie vergnügen sich stundenlang mit dem Handy, natürlich mit meinem. Kaum komme ich nach Hause und lege das Mobiltelefon auf die Kommode, da scharwenzelt der Nachwuchs auch schon um mich herum. Wollen die Kinder ihren abgekämpften Vater begrüßen? Nein, sie wollen sein Handy. Ich habe ein Problem damit, nur wegen meines Telefons gemocht zu werden. Andererseits sind ein paar Momente der Ruhe auch ganz schön.

Seit Karl seinem kleinen Bruder Hans allerdings beigebracht hat, wie man kleine, doofe Spiele auf das Handy laden kann, ist das Vertrauensverhältnis zwischen Vater und Söhnen nachhaltig gestört. Ich bin nicht der Typ, der sich stundenlang in Telefonrechnungen vertieft. Ein flüchtiger Blick reicht meist schon, um die Laune zu ruinieren. Neulich allerdings wurde ich doch mal stutzig: »14,95 Euro für mobile Dienstleistungen« wurden berechnet, einfach so, ohne weitere Beschreibung.

Anruf beim führenden deutschen Telekommunikations-Dienstleister, was es denn mit den 14,95 auf sich habe? Nun, antwortet die höfliche Dame, das wisse sie auch nicht so genau.

Um Klingeltöne könne es sich jedenfalls nicht handeln, die seien deutlich billiger. Sicherheitshalber könne man eine SMS an eine Zentralstelle für Download-Missbrauch schicken, dass man ab sofort keine Überraschungsposten mehr auf seiner Telefonrechnung wünsche. Genaueres könnte mir nur der schwedische Dienstleister verraten, für den man gleichsam treuhänderisch das Geld eingezogen habe.

Die Schweden bieten zwar eine kostenlose Telefon-Hotline an, die allerdings nicht besetzt ist. Also Mail. Prompte Antwort: Es sei alles in Ordnung, man habe die SMS erhalten und werde in Zukunft keine weiteren Leistungen in Rechnung stellen. Wofür die 14,95 Euro berechnet wurden, erklärte der Schwede nicht.

Beim Abendbrot werden die Kinder verhört. Wer hat in den letzten Wochen sündteuren Schnickschnack auf mein Handy geladen? Karl erklärt: »Spiele kosten 99 Cent, nicht 15 Euro.« Plötzlich fängt der Bengel an zu kichern: »Vielleicht hat Papa aus Versehen einen Porno geladen.« Wie bitte? Unverschämtheit. Hans giggelt vor sich hin und singt: »Porno-Papa, Porno-Papa …« Natürlich grinst die Chefin, anstatt mich vor den Biestern in Schutz zu nehmen. Menschenverachtend, wie die eigene Familie aus wehrlosen Opfern plötzlich Täter macht. Mein Handy wird jedenfalls ab sofort im Safe eingeschlossen. Sollen die Bengel doch mit Muttis Lippenstiften malen.

Susanne Leinemann

Messerscharfe Einsichten

Unser Sohn kriegt nicht gern Ärger. Nein, nicht bloß »nicht gern« – es quält ihn regelrecht, Ärger zu kriegen. Weil dann die heile Familienwelt, die er so sehr liebt und braucht, in seinen Augen bedrohlich wackelt. Neulich sprachen die Kinder übers Sterben. Seine Schwester sagte, sterben sei traurig. Unser Sohn sagte: »Nein, sterben ist schön. Wenn ich sterbe, habe ich Ruhe. Dann kriege ich nie mehr Ärger.« Ein eindrucksvoller Satz für einen Viereinhalbjährigen.

Nun müssen Sie nicht glauben, bei uns ginge es alttestamentarisch zu. Der Zorn, der sich über unseren Sohn ergießt, wenn er wieder mal irgendeinen Blödsinn angestellt hat, hält sich im DIN-Bereich: Stimme leicht erhoben, Zeigefinger raus: »Das machst du nicht noch mal, hörst du?« Das war es meist schon. Doch selbst danach werden wir abgestraft. Unser Sohn zieht sich schmollend unter sein Bett zurück. Eine Weile ist nichts mehr von ihm zu sehen und zu hören, dann kriecht er irgendwann wieder hervor, und die Welt ist wieder heil.

Es ist einfach eine Charakterfrage. Unser Sohn ist so auf die Welt gekommen, er steht nicht gern am Pranger. Das hält er nicht gut aus. Wozu das führt? Zu verstärktem Vertuschen der alltäglichen Untaten.

Wie am zweiten Weihnachtstag. Die Kinder hatten sich zum Spielen ins Wohnzimmer zurückgezogen, ich puzzelte am Küchentisch, während die Schwiegermutter neben mir Kaffee trank. Alles friedlich. Plötzlich Unruhe. Türen knallen, ein kreidebleicher Sohn eilt in die Küche. Hält den Mittelfinger hin: »Ich blute.« Keine Träne, kein Geschrei, nur dieser Satz: »Ich blute!« Tatsächlich, seine Wunde blutete kräftig. Schnell stand ich auf, um ein Pflaster zu holen.

»Wie ist denn das passiert?«, fragte ich.

»Keine Ahnung«, sagte mein Sohn.

Keine Ahnung? Die Antwort machte mich stutzig.

»Wirklich nicht, Mama.« Mein Sohn weinte immer noch nicht.

Während ich überlegte, ob man sich an seiner heiß geliebten Lightning-McQueen-Vollplastikautorennbahn (Made in China) schneiden könnte, kam die Tochter dazu: »Er hat mit meinem Schnitzmesser gespielt.« Das war die Erklärung: das schöne finnische Kinder-Schnitzmesser mit der abgerundeten Spitze, dessen Klinge aber gefährlich scharf ist, ein sehnlich erhofftes Weihnachtsgeschenk der älteren Schwester. Der Kleine liebäugelte natürlich auch damit. Also gut, er durfte auch mal schnitzen. Doch, das hatten wir ihm eingeschärft, nur unter Aufsicht. Aber ein Messer und ein Junge – das war dann doch zu verlockend gewesen.

Liebevoll verband ich den blutenden Finger. So ein Schnitt ist schon Strafe genug, da muss man nicht mehr viel sagen. Dann bot ich an: »Soll ich dich in den Arm nehmen und trösten?« Er nickte heftig.

Erst in meinem Arm fing er an zu heulen. Die ganze Tapferkeit, das Zähnezusammenbeißen, die gespielte Ahnungslosigkeit fielen von ihm ab. Ich wusste ja alles, es gab nichts mehr zu verbergen. Und zwischen zwei Schluchzern hörte ich seine Stimme: »Mama, ich hätte auf dich hören sollen.«

Wow, das ging runter wie Butter.

Hajo Schumacher

Der Kampf ums Bett

Schlafentzug, das weiß jeder Folterknecht, gehört zum Gemeinsten, was man Menschen antun kann. Wenn Hans so weitermacht, ist nicht auszuschließen, dass er seine Jugend im Waisenhaus verbringt. Denn seine Eltern tragen Augenringe wie Pandabären und schlafen in der Supermarktschlange ein. Eines Tages wird uns das Sorgerecht entzogen – wegen gemeingefährlicher Übermüdung.

Seit Monaten entert der kleine Quälgeist jede Nacht unsere Schlafstatt, mit Kissen, Kuschelgiraffe und dem Spielzeugauto, das wir ihm vorgestern geschenkt hatten, mit der Bitte verbunden, doch einfach mal eine Nacht in seinem Bett zu verbringen. Er hat uns das Auto morgens um halb drei zurückgegeben, quasi als Eintrittsgeld fürs Ehebett, das längst zur Vorstufe der Familiengruft verkommen ist.

In guten Nächten kommt er nur einmal, in den weitaus zahlreicheren schlechten Nächten schafft er bisweilen ein halbes Dutzend Besuche, den ersten genau dann, wenn wir exakt seit sieben Minuten eingeschlafen sind. Die Chefin trägt ihn zurück. Nächste Tiefschlafphase, nächste Visite. Der Vater schleppt und ermahnt den Knirps, gefälligst in seinem sündteuren Ritterbett zu bleiben, wenigstens bis zum Morgengrauen. Urmel-Kassette anmachen. Während der neuerlichen Einschlafversuche über einen Weidezaun rund ums Kinderbett nachdenken, hochgezogen bis zur elektrisch geladenen Zimmerdecke.

Kaum wieder weggenickt, spüren die Eltern den vertrauten kleinen Fuß in den Rippen, manchmal weitet auch ein Ellenbogen das väterliche Nasenloch. Warum müssen Kinder eigentlich immer quer schlafen? Eindeutig eine zwanghafte Position, um Vater und Mutter möglichst weit voneinander zu trennen. Wir geben es auf, ihn zurückzutragen. Immerhin: Der kleine Kerl ist ausgesprochen ausdauernd. Neulich bei Opa hat er durchgeschlafen. Bei seinem Kindergartenkumpel Erwin auch. Hans ist ein vorbildlicher Durchschläfer, wenn er nicht zu Hause ist.

Wie aber soll das Drama weitergehen? Wir könnten den Kleinen zu Opa geben, wenigstens für vier Wochen, um dem Prozess schlafmangelbedingter Frühvergreisung entgegenzuwirken. Aber Opa sträubt sich, wahrscheinlich, weil er gegen Hans immer im Memory verliert. Weder pädagogisch noch in partnerschaftlicher Hinsicht ist es klug, das Ehebett kampflos aufzugeben. Andererseits ist die Entzugsfolter extrem wirkungsvoll: Längst sind wir weichgekocht, unfähig zur Gegenwehr.

Seit zwei Nächten schlafe ich nun schon im Kinderbett. Das Kopfkissen riecht nach Gummibären, und die Druckspuren von den Playmobil-Figuren sind am nächsten Mittag nahezu vollständig vom Steiß verschwunden. Hans hat es sich neben meiner Gattin bequem gemacht und schnarcht leise vor sich hin. Heute Morgen um vier allerdings stand er plötzlich vor seinem Vater. »Was machst du in meinem Bett?«, fragte er vorwurfsvoll und zog mir das Kopfkissen weg. »Ich versuche zu schlafen«, antwortete ich wahrheitsgemäß. »Dann geh doch in dein Bett«, befahl der junge Tyrann. Nächste Nacht werde ich umziehen, ins Auto.

Susanne Leinemann

Der Bakterienmarathon

Schummeln rächt sich. Ich gestehe, ich habe ab und zu eine Krankheit der Kinder vorgetäuscht, wenn ich geschmeidig aus einer Situation kommen wollte. Sei es, ich mochte eine Einladung nicht wahrnehmen. Sei es, ich konnte einen beruflichen Termin nicht einhalten und brauchte Aufschub. Ich rief dann an und behauptete, unsere Tochter oder unser Sohn läge mit Fieber im Bett.

Das ist ein großer Vorteil, wenn man Kinder hat. Früher musste man das Kratzen im Hals am Telefon selbst vorspielen. Heute reicht es, die Kinder, die noch wunderbar unmündig sind, vorzuschieben. Allerdings waren unsere Kinder den ganzen langen Sommer über kerngesund. Da wurde ich übermütig im Erfinden. Hier mal einen Husten vorgelogen, da einen kleinen Fieberschub.

Was für ein Leichtsinn! Damals hatte ich komplett vergessen, wie viel Vertrauen mir meine Mitmenschen im Herbst und Winter entgegenbringen müssten, wenn es nämlich wieder ernst wird mit den Kinderkrankheiten. Nun ist es so weit. Man soll mir die nunmehr wahren Fieberschübe meiner Kinder genauso abnehmen wie im Sommer die geschummelten. Wer aber im Sommer schon misstrauisch war, der findet meine ehrlichen Herbst-Entschuldigungen nun absolut unglaubwürdig.

Jedes Jahr schlägt bei Eltern mit Kleinkindern der Herbst zu. Die Bronchien, die Ohren, der Magen, die Rotzerei. Sie alle fegen durch Kindergärten und Krippen, und wer als Kind nicht gerade das Immunsystem eines isländischen Hochseefischers hat, den rafft es dahin. Die Kinder übertragen die Erreger ganz spielerisch in der Puppenecke der Kita oder während der gemeinsamen Kissenschlacht im überheizten Gruppenraum. Wie drückte es eine Passantin so schön aus, als sie unsere völlig verrotzten Kinder sah: »Bei meinen Pferden ist es genauso. Im Sommer stehen sie auf der Weide und haben gar nichts. Kaum sind sie wieder im Stall, fangen die Krankheiten an.«

Hier unser aktuelles, ungelogenes Krankheitsprotokoll: Am vorvorigen Mittwoch kriegte meine Tochter Fieber. Das ging bis Donnerstag. Freitag war sie auf eigenen Wunsch wieder im Kindergarten, allerdings etwas blass. Dafür rief die Krippe meines Sohnes an. Er habe sich übergeben – und außerdem so komische rote Flecken am Hals. Tags darauf war mein Sohn wieder einigermaßen fit, dafür erbrach ich jetzt. Das war Sonnabend. Am Sonntag lag mein Mann mit Fieber im Bett. Nachts begann mein Sohn zu husten, und meine Tochter kotzte um 1.30 Uhr. Montag klagte sie über Ohrenweh, mein Sohn hustete immer noch schwer – also ab zum Kinderarzt. Dienstag und Mittwoch behandelte ich eine Mittelohrentzündung und eine leichte Bronchitis. Der Magen-Darm-Virus war nun bei der Oma angekommen. Mein Mann setzte sich lebensrettend auf eine Dienstreise ab. Am achten Tag kollabierte mein Immunsystem, ich fieberte, hielt mich aber mit einer Packung Paracetamol auf den Beinen. Die Kinder tobten mit Schniefnasen um mich herum. An Kindergarten war nicht mehr zu denken.

Klingt das glaubwürdig? In einer Woche ein Magen-Darm-Virus, eine Mittelohrentzündung, eine leichte Bronchitis, eine Grippe und ein unbekannter Ausschlag, alles im Fieber? Damit hier kein falscher Eindruck entsteht: Unsere Kinder dürfen nicht bei kühlen Herbsttemperaturen in kurzer Hose und T-Shirt ins Freie, obwohl unsere Tochter das gerne möchte. Und wir züchten auch nicht in der Küche in Petrischalen unsere Bakterien- und Virenkulturen selbst.

Als sei es nicht genug, die Tage mit gezücktem Fieberthermometer und Nasentropfen im Anschlag zwischen Bergen gebrauchter Taschentücher zu verbringen, sitzt mir jetzt auch noch ein beruflicher Termin im Nacken. Eine Abgabefrist endet am 1. Dezember – nach dieser Wahnsinnswoche kaum zu schaffen. Ich werde die Redakteurin anrufen und vom häuslichen Spital berichten müssen. Sie ist dieser Typ junge, ehrgeizige, kinderlose Frau, die jede Krankheit in maximal 24 Stunden erledigt und danach wieder am Schreibtisch sitzt. Diesen Bakterienmarathon wird sie mir nie abnehmen.

Wissen Sie, was ich ihr wünsche? Kinder.

Hajo Schumacher

Lesen und lesen lassen

Die Eltern von heute stehen unter verschärftem Vorlesezwang, wegen Pisa. Vorlesen ist Bildung, und Bildung ist Munition im globalen Kampf um den Titel des Exportweltmeisters. Während Millionen kleiner Inder und Chinesen vor ihren Playstations hocken, habe ich mich in das Ritterbett von Hans gezwängt und versuche, dem Jungen Pazifistisches aus dem »Sams« vorzulesen. Der Rotwein zum Abendessen war keine gute Idee; Gaumen und Zunge fühlen sich an wie mit Superkleber bestrichen. Ich finde das Sams langweilig, so wie fast alle modernen Kinderbücher: Immer wieder retten kleine freche Viecher die Welt.

»Können wir was anderes lesen?«, fragt Hans schläfrig. Ich bin geneigt, eine Runde Fernsehen vorzuschlagen, aber die Chefin würde es verbieten. »Was denn?«, frage ich rotweinschwer. »Den Lego-Katalog«, fordert Hans. Alles, nur das nicht. Was ist langweiliger, als zum hundertsten Mal Feuerwehr und Raumschiff anzugucken? Außerdem gibt es kaum Text, was Hans aber nicht kapieren will. »Lesen!«, befiehlt er. Artig trage ich die Bestellnummern vor.

Eine Weile lief »Urmel« ganz gut. Hans identifizierte sich mit Ping Pinguin und verwandelte seine Bettdecke allabendlich in eine Mupfel. Dann brachte die Chefin das Urmel-Hörbuch mit, und schon waren Vatis Vorlesekünste nicht mehr gefragt.

Hans hat inzwischen ein Puzzle-Buch aus seinem Bücherregal gekramt. Schreckliches Machwerk vom Grabbeltisch: dümmliche

Rittergeschichte, dazu Zeichnungen wie mit dem Sauerkrautpinsel hingeflatscht. Auf jeder zweiten Seite ist ein 16-teiliges Puzzle zu bewältigen. Jedes einzelne davon könnte ich inzwischen mit verbundenen Augen und hinter dem Rücken zusammensetzen. »Bitte nicht«, flehe ich meinen Sohn an. »Nur einmal«, fleht er zurück. Na gut. Ich stelle mein Hirn auf Stand-by-Modus, die Ohren auf Durchzug und gebe mich bereitwillig dem Dösen hin. Denn Hans murmelt den Text auswendig vor sich hin und puzzelt.

Ein kräftiger Griff am Oberarm reißt mich aus dem Schlaf. »Du wolltest dem Kind doch was vorlesen«, mahnt die Chefin. Hans sitzt neben mir. Während ich ruhte, hat er offenbar zwei Doppelzentner Lego ins Bett geschleppt. »Ja, klar«, sage ich entschlossen und zu Hans gewandt: »Welches Buch sollen wir denn lesen?« Zufrieden verlässt die Chefin das Kinderzimmer. Hans zieht ein »Lustiges Taschenbuch« von Donald Duck aus seinem Bücherregal: »Das hier!« Na toll. Sprechblasen vortragen, inklusive »Knuff«, »Zoing« und »Pardauz«. Hans amüsiert sich köstlich. Fallen Comics eigentlich streng pisamäßig noch unter Vorlesen? Nach fünf Minuten habe ich jedenfalls keine Lust mehr, meinen Bildungsauftrag zu erfüllen. »Papa muss jetzt Fußball gucken«, erkläre ich meinem Sohn. Hans nickt freudig, denn er weiß, was jetzt kommt. Der Vater legt eine CD ein, »Robbi, Tobbi und das Fliewatüüt«, senkt die Lautstärke aber so weit, dass die Chefin nichts hört. Und schon sind alle glücklich: Die Mutter denkt, das Kind schläft, der Vater entspannt sich, und dem Kind wird hoch professionell vorgelesen. Unser Haushalt ist pisafest.

Susanne Leinemann

Wie dressiere ich ganz spielerisch mein Kind?

Berlin ist eine geteilte Stadt. Zumindest wenn es um Eltern und Einschulung geht. In das eine große Lager gehören die durchgeknallten Mittelstandseltern, die keine Intrige scheuen, um ihr Kind auf die richtige Grundschule zu schleusen. Die Grundschule, von der sie inständig hoffen, sie stünde am Anfang eines optimalen Bildungsweges. Das andere Lager besteht aus Eltern, die von Hartz IV leben. Sie werden spätestens im nächsten Frühjahr in ihren Hartz-IV-Unterlagen verzweifelt das amtliche Formblatt suchen, auf dem sie einen kostenlosen Schulranzen, eine Schultüte und eine Federmappe beantragen können. Sie werden es, bitter für ihre Kinder, nicht finden.

Wir gehören zum Lager der durchgeknallten Mittelstandseltern. Denn gleich um die Ecke liegt eine wunderbare kleine konfessionelle Schule, auf der wir unsere Tochter gern sähen. Aber die Warteliste ist lang. Nun haben wir zusammen mit unserer Tochter einen Gesprächstermin bei der Direktorin, um uns vorzustellen.

Wie bereitet man eine bald Fünfjährige auf ihr erstes Bewerbungsgespräch vor? In anderen Ländern wäre unser Vorgehen ganz klar. Da wird noch ordentlich gedrillt. Lebten wir in Japan, würden wir unsere Tochter ins Kinderzimmer sperren, bis sie uns fehlerfrei und ohne zu stocken aus der »Odyssee« vorlesen könnte. Lebten wir in Manhattan, alle Möbel wären längst mit Post-its markiert. Auf dem Stuhl würde ein gelber Zettel mit der Aufschrift »Stuhl« kleben. In großen, deutlich lesbaren Druckbuchstaben geschrieben. Und daneben stünde in Mandarin das chinesische Schriftzeichen für Stuhl, ein Kind muss ja heute global fit sein. In Frankreich würde sich das Problem gar nicht erst stellen, denn unsere Tochter wäre längst ganztägig in einer Vorschule verschwunden, die mit Spielerischem nicht viel im Sinn hat, mit Lernen dafür umso mehr.

Aber wir sind ja in Deutschland, wo Dinge, die weltweit schon schwer genug sind, immer noch ein wenig komplizierter gemacht werden. Deutsche Kinder sollen zwar Leistung bringen, aber nur, wenn sie die Leistung auch wirklich selbst bringen wollen. Was das heißt?

Konkret heißt das: Niemand soll seinem Kind stupide das Alphabet eintrichtern. Nein, das wäre schrecklich. Man darf ein Kind ja nicht dressieren. Zeigt Ihr Kind allerdings zufällig interessiert auf einen Buchstaben und fragt »Mama, ist das ein A?«, dann hat Ihre Stunde als ehrgeizige Mutter oder als ehrgeiziger Vater geschlagen. Das Kind will lernen! Also schnell in die Buchhandlung, wahllos Vorschulbücher, Lern-DVDs und pädagogisch wertvolle Buchstabenspiele kaufen, damit man ihm die fehlenden fünfundzwanzig Buchstaben auch noch beibringen kann. Aber vergessen Sie nie: alles spielerisch, bitte niemals mit Druck. Ihr Kind darf nicht merken, dass es gerade für das Leben und eine bessere persönliche Zukunft lernt.

Das ist der Traum deutscher Mittelstandseltern: natürliche, verspielte Kinder, die mal so eben nebenbei mit vier oder fünf Jahren lesen gelernt haben. »Sophie Charlotte hat einfach so angefangen mit dem Lesen. Wir haben sie nie dazu gedrängt. Ist sie nicht wunderbar begabt?«

Niemals zielorientiert an die Schule herangehen. Wenn Sie als Eltern glauben, es wäre schön, wenn Ihr Fünfjähriger das Ausmalbild säuberlich Farbe für Farbe füllt, dann sind Sie engstirnige Spießer. Denn natürlich ist alles, was unser Nachwuchs kreativ produziert, toll und per se lobenswert. Begriffe wie gut, nicht so gut und besser darf es nicht mehr geben. Egal ob das Kind wild über die Linien kritzelt oder gleich das Papier zerreißt, immer hübsch ermuntern. »Was soll das denn sein? Streng dich mehr an« – ein solcher Satz darf niemals fallen. Kein Wunder, dass in Deutschland die Zahl der Kunsthochschüler immer weiter steigt, während keiner mehr Ingenieur werden will.

Aber zurück zu unserer Tochter. Was soll ich sagen? Sie kann das Alphabet schon einwandfrei aufsagen. Keine Ahnung, wie es dazu kam. Vielleicht flogen ihr die Buchstaben einfach so zu? Unsinn! Wir haben geübt. Jetzt müssen wir sie vor ihrem Bewerbungsgespräch nur noch in die richtige Stimmung bringen. Damit sie Lust hat, genau in dem Moment, wenn wir im Direktorenzimmer sitzen, mit dem Alphabet loszulegen. Ganz spielerisch, versteht sich.

Hajo Schumacher

Wenn das Kind zum Kerl wird

Diesem Tag hatte Hans etwa elf Monate lang entgegengefiebert. Für Kinder ist der fünfte Geburtstag so bedeutsam wie für Erwachsene der 50. – eine Zeitenwende, der Eintritt in einen neuen Lebensabschnitt. Fünf Jahre, das bedeutet: fast Schule, Abschied von den Milchzähnen, den Gebrauch von Besteck und Klopapier perfektionieren, immer virtuosere Widerworte. Höchste Zeit also, den Jungen in die geheimnisvolle Welt der Männer aufzunehmen. Erste Initiationsriten hatten wir bereits absolviert: Hans heult nicht mehr in der Waschanlage, wenn die blauen Alien-Bürsten kommen, er verwendet den kostbaren Fensterschwamm nicht länger für die schmierigen Felgen und weist beim Einfüllen von Öl und Kühlwasser inzwischen die Trefferquote der Chefin vor. Auch im Baumarkt bewegt er sich routiniert: »Kreuzschlitzschraube« und »Inbusschlüssel« sind vertraute Begriffe. Nur das Öffnen von Bierflaschen mit dem Zollstock will noch nicht gelingen. Der Durst wird ihn auch dieses Kunststück lehren.

Klare Sache: Das Kind ist bereit für den nächsten großen Schritt im Leben eines Mannes – eigenes Werkzeug. Im Land des Überflusses gibt es alles. Nur nicht Hammer, Sichel und Säge für Kinder. Allenthalben werden batteriebetriebene Krachmaschinen angeboten, die Werkzeug allerdings nur simulieren. Plastikbohrer aber schaffen nicht mal ein Loch in den Käse. Die Spielwarenfachverkäuferin mit dem dezenten Cottbus-Rot im Haar erklärt mir, dass richtiges Werkzeug viel zu gefährlich sei: »Da kann man sich ja wehtun.« Die gute Frau glaubt wahrscheinlich auch an Elektrosmog und träumt von Yoga mit Ronald Pofalla. Fakt ist: Mit richtigem Werkzeug muss man sich wehtun. Erst ein blutiges Sägezahnmuster im Handballen macht das Kind zum Kerl.

Bei einem Spezialversender im Internet endlich das ersehnte Sortiment: Laubsäge, Drillbohrer, Schleifblock, Hammer, Zwinge – alles in Kindergröße, sogar made in Germany und zu einem Preis, als wäre die Gerätschaft aus purem Gold.

An seinem Geburtstag sprintete Hans kurz nach Mitternacht ins Wohnzimmer, wo sich sein Gabentisch bog. Den Werkzeugkasten hatte ich repräsentativ in die Mitte gerückt, mit jenem Werbeblatt obenauf, das den edlen Inhalt abbildete. Doch der Rotzlöffel schenkte Vatis Präsent keinen Blick, sondern knabberte die Marzipandeko vom Kuchen und riss einen Lego-Karton auf. »Guck mal, ein Werkzeugkasten«, sagte ich liebevoll. Hans blätterte im »Power-Ranger«-Heft, das ihm sein pädagogisch unkundiger Bruder geschenkt hatte.

Als der Kasten auch zwei Tage später noch unbeachtet geblieben war, nahm ich die Zwinge, zwang eine Sperrholzplatte mit vorgemaltem Schweinchen an den Küchentisch und brachte die Laubsäge in Anschlag. Immerhin: Hans guckte zu. Laubsägen ist wie Fahrradfahren, das verlernt man nicht. Kaum war das Sägeblatt in die edelhölzerne Tischplatte gedrungen, rief der Rotzlöffel nach der Chefin: »Papa zersägt den Küchentisch!«

Ich gab auf und brachte den Kasten in den Keller. Der sechste Geburtstag ist früh genug, um ein Mann zu werden.

Susanne Leinemann

So schnell erledigt sich das mit der »Hochbegabung«

Wenn ich meine Tochter um vier Uhr vom Hort abhole, bringt sie einen Schulranzen voller Arbeit heim. Da wären erst mal die Hausaufgaben – die drehen sich immer um das Schreiben. Beispielsweise zehn Wörter, die mit L beginnen, oder drei Zeilen saubere Os. Zusätzlich gibt die Mathelehrerin immer öfter das Mathebuch mit, in dem Seiten angestrichen sind, die nachgearbeitet werden sollen. Ab und zu liegen sogar zwei Mathebücher im Tornister: Rechnen und Geometrie. Aufgaben satt in beiden. Und zu guter Letzt hat uns die Klassenlehrerin im Elterngespräch empfohlen, unserer Tochter jeden Tag einige Wörter zu diktieren, weil sie Vokale und Konsonanten noch nicht gut genug heraushöre.

Das ist eine Menge Hausarbeit für eine Erstklässlerin, die ihren sechsten Geburtstag noch vor sich hat und am liebsten den ganzen Nachmittag nur spielen möchte. Meistens kriege ich sie abends nach dem Abendbrot noch dazu, sich eine halbe Stunde zu konzentrieren. Manchmal setzen wir uns auch morgens nach dem Frühstück noch mal an den Schreibtisch, weil sie dann ausgeschlafen ist. Ich wecke sie einfach eine Viertelstunde früher.

In der Schule ist sie dann ganz auf sich selbst gestellt. So ähnlich sehen ihre Arbeitsblätter, Bücher und Hefte auch aus. Ihre Zahlen schauen hartnäckig in die falsche Richtung, und die

Buchstaben sehen aus, als würde sie in der Pause ihren Kakao mit Wodka strecken. Neulich sollte sie auf einem Arbeitsblatt dem Weihnachtsmann Worte in den Mund legen – eine große Sprechblase wartete darauf, mit »Hohoho« oder »Geschenke!« gefüllt zu werden. Unsere Tochter schrieb: »FRLEEFIHIF WEIMAN«. Was das heißen sollte? Fröhliche Weihnachten.

Ihr scheinen diese Rückschläge nichts auszumachen. Sie geht wahnsinnig gern in die Schule. Da sind ihre Freunde, da ist ihr Leben. Dass sie schulisch etwas hinterherhängt, beunruhigt sie nicht weiter. »Mama, wir sollen jetzt lesen. Aber ich kann nicht lesen. Also frage ich meine Freunde, die lesen können, was da steht.« Sie ist in der Klasse hervorragend vernetzt. Irgendwie wurschtelt sie sich durch den Tag. With a little help from her friends. Na gut. Was mich aber ein wenig grämt, ist, dass wir – wäre unsere Tochter ein Jahr später, mit sechseinhalb eingeschult worden – ein ganz anderes erstes Schuljahr erleben würden. In der Regel ist es so, dass Kinder, die mit sechs noch den Kindergarten besuchen, irgendwann vom Kindergartenalltag extrem gelangweilt sind. Wenn es dann endlich losgeht, fallen sie in die Schule wie überreife Früchte. Im besten Fall setzt eine Lernexplosion ein. Sie fühlen sich wie kleine Könige im Land der Zahlen und Buchstaben.

Der durchschnittliche Fünfjährige, der eingeschult wird, ähnelt dagegen einer grünen Banane. Die Schule ist ein riesiger Spielplatz, wo man lustige Zeichen beigebracht kriegt, die man drehen und wenden kann, wie man will. Dann wird aus der 3 ein Euro-Zeichen, und das S wird von unten nach oben statt von oben nach unten geschrieben. Alles egal, es gelten keine Regeln. Den Ernst der Schule haben die Fünfjährigen noch nicht begriffen.

Und so kann man die Klasse unserer Tochter in zwei große Gruppen sortieren: die reifen Früchtchen, die in den meisten

Lehrbüchern schon weit voraus sind. Und die oben genannten grünen Bananen. Der Lehrerin macht diese Leistungsspanne zu schaffen. Kein Wunder bei achtundzwanzig Kindern. Also müssen wir Eltern verstärkt ran, als eine Art Wärmelampe, damit unsere Kinder schnell nachreifen und den Klassenschnitt erreichen.

Ich bin sicher, die Zeit wird alles richten. In einem halben Jahr, spätestens in einem Jahr werden alle Kinder auf ähnlichem Niveau sein – und die Überflieger werden sich längst in eine Klasse höher abgesetzt haben. Nur, ob man mit der Reform, in Berlin früher einzuschulen, viel gewonnen hat, wage ich zu bezweifeln. Warum mühsam lernen, wenn alles ein Jahr später leicht von der Hand geht?

Obwohl – eines hat man doch gewonnen: überehrgeizige Eltern kriegen einen Dämpfer, denn das Modethema »Hochbegabung« erledigt sich sofort. Neulich diktierte ich meiner Tochter das Wort »Traktor«. Danach ging ich Wäsche aufhängen. Als ich wiederkam, stand RAOT LAO auf dem Zettel. Beruhigend. Wir haben eine ganz normale, versponnene Fünfjährige zu Hause.

Hajo Schumacher

Nachtschicht für den Notenschnitt

Diese Zeugnisvergabe wird bei der Chefin keine große Freude auslösen. Im Geschichtsreferat hat sie eine 3+ bekommen, für die Biologie-Hausaufgabe gar nur eine glatte 3. Mit meiner 2 in Deutsch stehe ich deutlich besser da. »Etwas blumig, dafür hier und da nicht präzise genug«, hatte der Lehrer daruntergeschrieben. Ich habe meinem Sohn die 1 vermasselt. Ich schäme mich, fast so stark wie für meine 4 in der Lateinübersetzung. Diese Vorlagen aus dem Internet sind eben nicht immer zuverlässig.

Früher verbrachten wir unsere Abende mit selbst gewählten Büchern; jetzt rackern wir uns durch das Lehrmaterial der 9. Klasse. Und bestürmen unser Kind in der großen Pause per SMS, welche Noten es denn für welche Hausaufgabe bekommen habe. Noch führe ich knapp vor meiner Frau. Das verdammte Latein allerdings hat mich zurückgeworfen. Verbissen kämpfe ich mich im Wohnzimmer durch Schiller, während die Chefin Bismarck in der Küche macht. Gegen zwei Uhr morgens sind wir meistens durch. Hauptsache, der Junge bekommt seinen Schlaf. Wenn die Kinder den ganzen Tag zwischen Musikunterricht, Frühchinesisch und Therapiestunden hin- und hergefahren werden müssen, bleibt für Hausaufgaben natürlich kaum noch Zeit. Also müssen die Eltern ran.

»Alle aus meiner Klasse kriegen Hilfe von ihren Eltern«, hatte Karl eines Tages erklärt. Im Kampf um Studienplätze, Karrierechancen und Deutschlands Zukunft kann man das Kind ja nicht hängen lassen. Leider sind unsere Kenntnisse nicht mehr ganz frisch. Immerhin: Mit etwas Übung und einer halben Flasche Merlot lässt sich seine krakelige Handschrift recht flüssig imitieren. Spätestens bei den Interpretationsaufgaben des Deutschlehrers stelle ich allerdings regelmäßig fest, dass sich die Ansprüche seit den Frühzeiten der reformierten Oberstufe deutlich erhöht haben. Früher reichte ein selbstbewusster Aufsatz, der mit einem beherzten »Ich finde …« eingeleitet wurde. Dafür wiederum genügte das Studium des Klappentextes in der Pause.

Heute verlangen diese Pädagogen doch tatsächlich eine strukturierte Analyse einer Passage aus dem hinteren Drittel des Buches, Regionen also, die ein Abiturient aus dem Nordrhein-Westfalen der frühen Achtziger niemals zu Gesicht bekam. Dafür bin ich gut im Zeichnen geologischer Formationen. Der alte Butterbrotpapiertrick funktioniert halt immer noch.

Der Druck wächst allerdings immens. Denn mit unseren Hausaufgaben stehen wir in harter Konkurrenz zu den Klassenarbeiten, die die Kinder allein in der Schule anfertigen. »Du versaust mir noch die ganzen Noten«, klagte Karl unlängst, weil mein Englisch-Aufsatz ihm nur eine 4+ eingebracht hatte. Sein Diktat dagegen hatte er mit einer glatten 2 bestanden. Womöglich bekommt der Junge jetzt nur eine 3 im Zeugnis? Wie sollen wir im globalen Wettstreit gegen China und Indien bestehen, wenn schon die Eltern versagen? Es wird Zeit, dass ich Englisch-Nachhilfe nehme. Andererseits: Bei Latein hat es auch nicht geholfen. Das macht der Junge jetzt selbst. Seitdem läuft es auch wieder.

Susanne Leinemann

Meine Tochter geht zur Schule – vermutlich

Seit einigen Monaten geht unsere Tochter nun zur Schule. Sie kann inzwischen Silben hören, erkennt den Anfangsbuchstaben eines Wortes und kann ihn hinschreiben. Meistens schauen ihre Buchstaben in die korrekte Richtung. Sonst erfahre ich nicht viel vom Schulunterricht. Meine Tochter behauptet, niemals Kunst-, Mathematik- oder Sachunterricht gehabt zu haben. Die Fächer stehen zwar auf ihrem Stundenplan, aber sie beharrt darauf, dieser Unterricht fände in ihrer Klasse nicht statt. Sie könne sich an nichts erinnern.

Inzwischen weiß ich, dass ich nicht allein bin mit meinem Unwissen. Auch andere Eltern erfahren nichts von ihren Kindern. Gestern Morgen trat beim Abgeben ein älterer Herr aus der Schule. »Das muss Herr O. sein. Der Lehrer für die Ausfallstunden«, sagte ein Vater zu mir. Ich hatte bislang keine Ahnung von der Existenz eines Herrn O. Woher er diese kostbare Information habe, fragte ich den Vater. Von seiner Tochter, antwortete der. Zum Glück traf just in dem Moment eine befreundete Mutter ein. »Hast du jemals von Herrn O. gehört?«, erkundigte ich mich. Sie schüttelte resigniert den Kopf: »Ich erfahre nichts aus der Schule.«

Die Schule ist für Eltern von Erstklässlern so eine Art Blackbox. Die Kinder verschwinden jeden Morgen im Eingangsschlund, am Hortausgang werden sie nachmittags wieder ausgespuckt. Das Innere der Blackbox scheint ein Ort zu sein, an dem

Vergesslichkeit und Verschwinden wie Epidemien grassieren. Gibt man im Morgengrauen ein komplett angezogenes Kind mit Jacke, Mütze, Schal ab, darf man niemals erwarten, diese Dinge um 16 Uhr wiederzusehen. Täglich bleibt mindestens eine Sache in der Schule zurück – einmal kam mir meine Tochter sogar nur in T-Shirt und Hose entgegen. Womöglich herrscht in der Schule so eine Art Pfandsystem, damit die Kinder am nächsten Tag wiederkommen, um ihre Sachen auszulösen. Keine Ahnung. Mit mir redet ja niemand.

Wovon ich allerdings in der allerersten Zeit sehr viel erfahren habe, sind die komplexen Sozialkontakte meiner Tochter. Als Vierer-Mädchentruppe, die schon im Kindergarten gut befreundet war, betraten die Mädels am ersten Schultag die 1b. Man setzte sich gemeinsam an einen Gruppentisch. Doch das Kleeblatt ist – soweit ich das von außen einschätzen kann – inzwischen ziemlich entzerrt. Die Versuchungen waren wohl einfach zu groß; vierundzwanzig weitere attraktive Kinder in der Klasse. Kindergartenbindungen sind nicht unbedingt Bindungen für das ganze Leben.

Als Mutter und offensichtlich stabilste Freundin meiner Tochter kriegte ich alles haarklein erzählt. Ich kam mir irgendwann vor wie in einer Folge von »Dawson Creek«. Sie erinnern sich an diese US-Serie, in der sich Heranwachsende durch das ganz normale Leben schlagen? So ging es bei uns zu. Die Wasserstandsmeldungen wechselten täglich.

»Heute hat M. mit mir gespielt, aber G. und V. nicht.«

»Ich habe heute mit V. gespielt, aber nicht mit M., und G. habe ich nicht gesehen.«

»M. und G. wollten nicht mit mir in die Pause gehen.«

»Heute habe ich nur mit G. gespielt.«

Am fünften Tag hatte ich die Übersicht verloren und beschloss, mir keine Gedanken mehr zu machen. Inzwischen tragen die Freundinnen ganz neue Namen. Wenn es nach meiner Tochter geht, dreht sich die Schule nur um zwei Dinge: um die Pause und den Sportunterricht. Ich bin nicht mehr sicher, ob sie bis Weihnachten lesen kann. Vermutlich nicht. Sie hat einfach zu viel anderes zu tun – neue Freundschaften schließen, den richtigen Eingang zur Toilette finden, daran denken, freitags den Turnbeutel mit nach Hause zu bringen. Letzteres ist ihr seit Schulbeginn noch kein einziges Mal gelungen. Ich vermute, das Turnzeug lebt inzwischen, so durchschwitzt und stinkig muss es sein. Aber ich kann nur wiederholen – alles Vermutungen. Vielleicht gibt es in der Blackbox ja einen Waschsalon, in dem die Kinder ihr Turnzeug selbst waschen?

Ich wäre sicherlich die Letzte, die davon erfahren würde.

Hajo Schumacher

Ein Sohn wie Helene

Karl wird bald sechzehn. Und er hat immer noch nicht die erste Million gemacht. Tennis erwies sich als Fehlinvestition, die fußballerischen Gene unserer Familie reichen allenfalls zur Selbstverstümmelung, nicht aber zur Finanzierung eines komfortablen Restlebens. Auf dem Bobbycar war der Junge immer sehr geschickt, aber für die Formel 1 genügt es wohl doch nicht. Na gut, wird er eben Bestsellerautor. Sechzehn ist das ideale Alter für einen Schlüsselroman. Die junge Frau Hegemann hat ja auch nichts erlebt und daraus dennoch einen Verkaufsschlager gefertigt, über den die Feuilletons sich begeistert empören. Der rappende Pfosten Bushido hat es nach seiner Biografie sogar zu einem Film gebracht. Und Iris Berben bekannte sogar, sie liebe den Hip-Hop-Schlingel mit den Bauernmalereien auf dem Unterarm.

Jetzt müssen wir nur noch eine flotte Sammlung aus nicht gemachten Erfahrungen aufschreiben, nach der Methode Hegemann/Bushido. Dabei ist Authentizität total wichtig, eine Mischung aus mega-aggro und total verletzlich. Weil kein Bestseller ohne Rauschmittel auskommt, könnten Vater und Sohn sich im kontrollierten Komasaufen versuchen. »Durst« wäre ein programmatischer Titel. Dazu wird den Kulturkritikern garantiert was Intellektuelles einfallen, über diese ganz neue, lebenshungrige Generation.

Dafür brauchen wir noch ein paar süffige Geschichten, so

richtig schön pubertär-erotisch. Absonderliche Balz- und Paarungsrituale kommen bei Kritikern immer gut an, vor allem aus dem »Berghain«. Weil der gemeine Literatur-Lurch dort stets am Türsteher scheitert, liest er sich seine Szenekenntnisse in Schlüsselromanen von Heranwachsenden an. Auch hier könnte Vati sich opfern, ein paar bunte Pillen konsumieren und Techno tanzen. Arbeitstitel: »Hilfe, mein peinlicher Alter ist druff«. Für einen Bestseller muss man Opfer bringen. Zumal sich unsere Feuchtgebiete aufs Badezimmer beschränken, wenn die Kinder in der Wanne waren.

Drama brauchen wir auch noch, traumatische Erfahrungen von früher. Wir hätten den Jungen doch mal übers Knie legen sollen, dann hätte er jetzt Stoff für Weltliteratur. Und was mit Tieren, möglichst brutal. Ist es glaubhaft, dass unser Hamster eines Tages aus Versehen in die Bügelmaschine geraten ist und ziemlich geplättet wieder herauskam? Wir besitzen zwar weder Hamster noch Bügelmaschine, aber von der Emotionalität her ist die Geschichte prima. Vielleicht kriegen wir Karl ja dazu, seine heimliche Liebe zu Veronica Ferres zu gestehen. Das stimmt zwar nicht, aber ein paar Fernseh-Promis tun jedem Buch gut. Er könnte auch bei »DSDS« mitmachen und einen Ausbeutungsroman in der Tradition von Oliver Twist anfertigen: »Recall – Ich war der Sklave von Bohlen«.

Unter Bestseller-Gesichtspunkten ist es wirklich fürchterlich, wenn man ein ereignisloses Leben führt. Soll Karl seine Sonntagnachmittage aufschreiben, wenn er vor »World of Warcraft« hockt und Monstren filetiert? Vielleicht besser die Gutturallaute, mit denen sich die jungen Leute auf Schüler-VZ verständigen. Am Ende bleibt es sowieso wieder an mir hängen. So wie die Deutsch-Hausaufgaben.

Susanne Leinemann

Ein eiserner Vorhang geht durch unser Kinderzimmer

Bei uns zu Hause ist der Kalte Krieg ausgebrochen. Unsere beiden Kinder konkurrieren miteinander, belauern und übertrumpfen einander, als sei der Ostblock auferstanden und träte wieder gegen die NATO an. Alles, alles eignet sich, um die kindlichen Kräfte zu messen – die Körpergröße so gut wie die Frage, wer zuerst die Apothekerzeitschrift durch hat. Der allmorgendliche Sprint die Treppe hinab ist so kriegsentscheidend wie der allabendliche Kampf darum, wer zuerst den Schlafanzug anhat. Den lieben langen Tag hallt ein Wort durchs Haus: »Erster!« Und der lautstarke Protest des Zweiten daraufhin.

Es gibt eine Königsdisziplin der geschwisterlichen Konkurrenz: Essen. Meine Kinder sind beim Essen ähnlich ehrgeizig, wie es früher USA und SU beim Sport oder in der Raumfahrt waren.

Ein typischer Morgen sieht bei uns so aus: Die beiden Kinder sitzen sich am Tisch gegenüber und beäugen sich misstrauisch. Noch sind die Cornflakesschalen leer. Es ist 6.50 Uhr, meine Augen sind halb offen, ich glaube, es ist draußen dunkel-dämmrig, aber so genau kriege ich das um diese Zeit nicht mit. Ich reiße mich zusammen und fülle die Cornflakesschalen exakt gleich hoch auf, sonst hagelt es sofort Proteste: »Ich habe weniger!« oder »Er hat mehr!« So etwa stelle ich mir die Stimmung damals, 1986, in Reykjavik vor, als im isländischen Regierungsgästehaus, der Villa Höfdi, die ersten Abrüstungsverhandlungen stattfanden. Die isländischen Regierungsvertreter haben bestimmt penibel darauf geachtet, dass jede Seite die gleiche Zahl von Seifen im Bad vorfand und die gleiche Menge von Keksen und Säften vor sich auf dem Tisch stehen hatte.

Habe ich dann die Milch eingegossen, fällt der Startschuss. Beide fangen im Affentempo an, ihre Cornflakes herunterzuschlingen, so lange, bis einer den Grund sieht, sofort die Arme in Siegerpose hochreißt und »Erster« schreit. Dem folgt ein Wutgeheul auf der anderen Seite des Tisches. »Das ist gemein! Ich will auch Erster sein.« So geht das jeden Morgen.

Die Wurzel des Übels liegt in der Lebenskrise unseres Sohnes. Seitdem seine Schwester in der Schule ist, macht es ihn völlig verrückt, dass er noch so klein ist. Egal, wie er sich anstrengt, er bleibt immer drei, während seine große Schwester schon fünf ist. Außerdem ist sie einen Kopf größer als er. Dagegen kämpft er Tag um Tag an – in den oben genannten Disziplinen. Unnötig zu sagen, dass er ziemlich häufig verliert, weil seine Schwester nicht nur größer ist, sondern auch eine Menge Tricks auf Lager hat.

Manchmal wird sie aber auch mitfühlend. Neulich versuchte sie, ihren weinenden Bruder zu trösten: »Komm her, ich streichle dich.« Woraufhin sich ihr Bruder wütend umdrehte und blaffte: »Streicheln? Ich bin doch kein Hase!« Man sieht, die Abrüstungsverhandlungen gestalten sich schwierig.

Vielleicht sollte ich diese Wettbewerbsstimmung sogar kultivieren. Die Zeiten werden härter, und wer etwas erreichen will, der muss früh lernen, schnell und entschlossen zu sein. Sie halten das für Zeitgeist-Propaganda? Dann erzähle ich Ihnen mal die Geschichte vom »Froop«.

»Froop« ist leckerer Joghurt, der oben eine pürierte Fruchtschicht hat. Bei einer Freundin ist das Geld knapp, also hat die

Familie beschlossen, keine Joghurts mehr zu kaufen, die mehr als 50 Cent kosten. Der »Froop« ist deshalb normalerweise nicht drin. Aber dann hatte ein Discounter ihn im Angebot – für 45 Cent. Meine Freundin betritt um kurz nach neun Uhr den Laden, und was sieht sie? Das Kühlregal ist in diesen wenigen Minuten regelrecht gestürmt worden, nur ein armseliger Becher steht noch da, dessen Deckel perforiert ist. Das ist die deutsche Wirklichkeit! Da ist man doch froh, wenn man Kinder mit starken Ellenbogen heranzieht, die sich eines Tages bis zum »Froop«-Regal durchkämpfen.

Aber natürlich bin ich wie alle politisch korrekt weichgespült. Also erzähle ich meinen Kindern tagtäglich, es sei schon okay, Zweiter zu sein. Und um ihnen die Verliererlast zu nehmen, nehme ich bei all ihren Wettbewerben den dritten, also letzten Platz ein. Ich könne damit gut leben, sage ich dann. Und was sagt daraufhin meine Tochter? »Mama, du musst beweglicher werden!«

Hajo Schumacher

Wahlkampf für SpongeBob

Seit Wochen starrt Hans irritiert und fasziniert zugleich aus dem Seitenfenster, wenn wir zum Kindergarten fahren. »Wer ist das?«, fragt er bei jedem Wahlplakat von Ingo Schmitt mit leichtem Gruseln in der Stimme. Ich will den Jungen nicht zu früh mit schmutzigen Geschäften wie Politik oder Medien in Kontakt bringen. Deswegen erkläre ich ihm, dass die Plakate Werbung machten für neue Folgen der Comicserie »SpongeBob«. Frank-Walter Steinmeier sieht ja auch aus wie das Eichhörnchen Sandy, Martin Lindner ähnelt auffällig dem Imbiss-Besitzer Mr Krabs, die Kanzlerin könnte man mit dem Oktopus Thaddäus verwechseln und Gregor Gysi mit dem tumb-fröhlichen Seestern Patrick.

Hans glaubt mir leider nicht. »Das ist der Bundeskranzler«, sagt er und weist auf ein Bild von Guido Westerwelle. Keine Ahnung, woher der Junge das hat. Leider gibt es keine SpongeBob-Figur, der Westerwelle gleicht, höchstens die kleine fiepende Schnecke. Elf Jahre für die paar Meter vom Reichstag zum Auswärtigen Amt, das ist wirklich langsam.

Mit Karl, dem Großen, sind politische Debatten schon schwieriger. Neulich wollte er tatsächlich wissen, wie das ist mit Erst- und Zweitstimme. Souveräne Erklärung des Vaters, der allerdings so unklug war, Nachfragen zuzulassen. Zum Beispiel die, warum Martin Lindner und Franziska Eichstädt-Bohlig für den Bundestag kandidieren, obwohl sie doch eigentlich im Berliner

Abgeordnetenhaus eine Jamaika-Koalition mit dem gerade aktuellen CDU-Kandidaten gegen Wowereit basteln wollten.

Gute Frage. Dürfen die sich einfach so verkrümeln, nur weil Lindner endlich zu ordentlichen Partys eingeladen werden will und nicht immer nur in Kleingärten? Ich rate dem Filius, eine Mail an die Kandidaten zu schreiben, und schiebe ihn aus dem Wohnzimmer, um in Ruhe den Sportteil zu studieren.

Aber das Kind gibt keine Ruhe. »Papa, was ist ein Überhangmandat?« Tja, sage ich, das war doch dieses, ääh Dings, wenn also mehr Erststimmen auf einen Kandidaten, dann, natürlich auch wegen der Liste … »Das ist zu kompliziert«, erkläre ich väterlich und fasse pädagogisch das Wesentliche zusammen: »Überhangmandate können die Wahl entscheiden.« Karl lässt nicht locker. »Verfälschen Überhangmandate nicht den Wählerwillen?« Woher soll ich das wissen? Mein Wählerwille wird seit jeher verfälscht. Selbst die Statistik liefert kein eindeutiges Ergebnis. Seit Gründung der Bundesrepublik gibt es Überhangmandate, und ungefähr die Hälfte der Zeit saß jemand uninspiriert im Kanzleramt. Das kann zusammenhängen, muss aber nicht.

»Gib zu, dass du keine Ahnung hast«, sagt Karl. Unverschämtheit. »Ich will dich nur nicht überfordern«, sage ich drohend: »Lernt ihr so was nicht in der Schule?« Karl nickt. »Doch. Wir haben gerade d'Hondt gemacht.« Ich mühe mich um einen wissenden Blick. Das war doch dieser Kerl, der die Sitzverteilung nach diesem statistischen Prinzip – also auch sehr kompliziert. Karl grinst.

Sicherheitshalber werde ich das Kind kommenden Sonntag mit in die Wahlkabine nehmen. Sonst kreuze ich noch aus Versehen die SpongeBob-Partei an.

Susanne Leinemann

Neu: Werbung für monstergläubige Nervensägen

Die Kinder von Freunden haben am Neujahrsmorgen das Auto gewaschen – mit Kieselsteinen. Einmal rundherum, sehr gründlich, immer schön in kreisenden Bewegungen. Die Eltern lagen noch im Bett des Ferienhauses und dachten sich nichts Böses. Eine absolut ruhige Gegend, da kann man die Kinder unbesorgt mal eine Weile allein draußen spielen lassen. Jetzt muss das Auto komplett neu lackiert werden. Mit diesem Ereignis begann für unsere Freunde das Jahr 2008. Natürlich sind sie erst mal ausgerastet. Dreißig Minuten, sagt meine Freundin, hätten sie getobt und gebrüllt. Danach haben sie ihren Frieden mit der Situation gemacht. Man liebt ja seine Kinder. Trotzdem.

Genau in diesem Tenor ist die neue »Du bist Deutschland«-Kampagne gehalten. Ich zitiere jetzt mal aus der Printwerbung. Auf einer Doppelseite ist ein etwa vierjähriger Rotzlöffel zu sehen, in der Mitte findet sich folgender Text: »Du machst uns wahnsinnig! Du bist eine Nervensäge und ein Zeitfresser. Ständig willst du im Mittelpunkt stehen. Du bekommst Masern und Windpocken und siehst böse Monster im Schrank. Man kann dich nicht für eine Sekunde aus den Augen lassen. Ja, du machst uns wahnsinnig: vor Glück.«

Lieber Leser, sind Sie kinderlos, dann kommt die letzte Wendung vermutlich etwas unerwartet. Vor Glück!? Was soll an einem egomanischen, zeitaufreibenden Wesen, das ständig krank wird, beglückend sein? Das werden Sie sich jetzt wohl fragen. Ich kann Sie gut verstehen.

Angenommen, eine Werbekampagne wollte mir einen Skiurlaub schmackhaft machen. Man muss wissen, ich bin das Gegenteil eines Skihaserls. Meine Eltern haben in meiner Jugend viel Geld für Skifreizeiten aus dem Fenster geworfen. Der Winterurlaub lief immer gleich ab. Morgens fuhr ich mit dem Lift und einem Buch hinauf zur bewirteten Hütte, suchte mir einen gemütlichen Platz und las den ganzen Tag. Nachmittags fuhr ich mit dem Lift wieder runter ins Tal. Ich bin einfach nicht für die Skier geboren.

Aber jetzt nehmen wir an, die Skiindustrie stecke in einer tiefen Krise und müsse sogar um Skimuffel wie mich buhlen. Eine Werbung im Stil von »Du bist Deutschland« lautete etwa so: »Du wirst es bereuen! Du wirst im Eiswind am Skilift anstehen. Du wirst deinen Skipass im Tiefschnee verlieren. Du wirst von angesoffenen Pistensäuen überfahren werden und stundenlang in überfüllten Hüttenrestaurants Schlange stehen müssen. Du wirst frieren, frieren, frieren. Du wirst mit Höhenangst im Sessellift kämpfen. Du wirst in nur zehn Tagen ein irres Geld ausgeben. Du wirst dir die Haxen brechen. Du wirst es bereuen – nicht gefahren zu sein.«

Wäre ich dann überzeugt? Würde ich nun einen Winterurlaub in den Bergen buchen? Natürlich nicht. Bin ich denn wahnsinnig? Doch es ist ja nicht der Text, der einen rumkriegen soll. Sondern es sind die Bilder. Die Werber der kinderfreundlichen »Du bist Deutschland«-Kampagne setzen auf die überzeugende Kraft der Kinder; besonders im TV-Spot, der im Fernsehen gerade rauf und runter läuft. Alles anrührende Momente: ein lachendes Baby im Babybadewanneneimer, ein Kleinkind in der Matschhose, brüllende und lachende Teenager, Dreikäsehochs, die gerade das weiße Wohnzimmersofa mit Fingerfarbe bemalen. Dazu sanfte Musik und eine Stimme, die sagt: »Du zeigst uns, dass es eigentlich nie den falschen, sondern nur den richtigen Zeitpunkt gibt, dich zu bekommen.«

Haha – erzählen Sie das mal einer Fünfunddreißigjährigen, die gerade einen Top-Job angeboten bekommen hat. Die schaut ungeduldig auf ihren Jahresplaner und sagt: »2008 geht leider nicht, ich habe keinen Termin frei für den Kreißsaal. Vielleicht ab 2010.« Auch entzückende Fernsehbilder von einer Eier aufschlagenden Prinzessin im Kindergartenalter können die nicht umstimmen.

Aber grämt euch nicht, liebe Werbefuzzies. Kinderabstinenzlerinnen kriegt ihr damit nicht. Aber für mich als Mutter macht ihr Durchhaltepropaganda im besten Sinne. Eure kleinen Szenen sind gut gewählt, sie erinnern mich an die, die ich selbst erlebe. Wenn ich euren TV-Spot sehe, wird mir ganz warm ums Herz. Dann erhebe ich mich gestärkt vom Fernsehsessel und schmiere wieder mit größter Leidenschaft Butterbrote, rühre Kakao an, wische Rotz und Tränen ab und die Schmierfarbe vom teuren Sofa. Ich tue es ja nicht nur für meine Kinder. Ich schmiere und wische für Deutschland, wie ich nun weiß.

Gern geschehen.

Hajo Schumacher

Wie der gute Sohn Europa rettet

Hans ist ein begeisterter Zeitungsgucker: Er liebt Bilder von Baustellen, skurrilen Autos und merkwürdigen Tieren. Angela Merkel und Wolfgang Thierse dagegen lassen ihn kalt. Neulich wollte er ein Bild von Europa sehen. Keine Ahnung, wo er das Wort aufgeschnappt hat. Wahrscheinlich war im Kindergarten mal wieder ein Völkerverständigungsseminar angeboten worden. Ich suchte eine EU-Fahne, blau mit vielen Sternen.

»Das soll Europa sein?«, fragte das vorwitzige Kind. »Europa ist Deutschland und Frankreich und Italien«, erklärte ich. Hans guckte skeptisch. Wenn Deutschland Deutschland ist und Italien Italien, wie konnte dann beides Europa sein? »Und Griechenland?«, fragte Hans. Er hatte von der bildungsbesessenen Chefin gerade eine CD mit griechischen Sagen verordnet bekommen. »Tja, Griechenland«, sagte ich, um Zeit zu gewinnen. Man will ja nicht gleich im ersten Satz diskriminieren. »Stell dir vor, Kevin ist Griechenland«, erklärte ich. »Kevin ist aber schon Holland«, entgegnete Hans. Stimmt ja, Kevin besaß ein Robben-Trikot. »Nur mal vorstellen«, bat ich: »Wenn Kevins Eltern das Geld fürs Mittagessen im Kindergarten nicht bezahlen, aber trotzdem ein dickes Leasing-Auto fahren, ist es dann gerecht, wenn wir für Kevins Mittagessen bezahlen müssen?«, fragte ich. »Kevin isst seinen Teller nie leer«, erklärte Hans. »Sollen wir für sein Mittagessen bezahlen?«, fragte ich nach. »Nur, wenn ich in dem Auto mitfahren darf«, sagte Hans. Der Bengel war einfach noch zu klein für die Feinheiten der internationalen Währungskunde. Neuer Anlauf: »Stell dir vor, Shakira ist Portugal und Samantha ist Irland und beide essen das ganze Mittagessen auf. Du kriegst nichts ab, aber musst bezahlen.« Hans zuckte die Schultern: »Heute gab's Rosenkohl.« Auf seiner Gemüseablehnskala liegt Rosenkohl nur knapp vor Fenchel, der sich den letzten Platz mit Auberginen und Zucchini teilt. Ich schüttelte sein Sparschwein. »Aber du musst den Rosenkohl bezahlen. Und das dicke Auto noch dazu.« Hans rieb sich an der Nase, wie er es bei »Wickie« gesehen hatte: »Ich hab's! Wenn Shakira Blockflöte spielt, kann sie das Essen bezahlen.« Hans ist fasziniert von den Indio-Darstellern an der Gedächtniskirche. Weil er fest davon überzeugt ist, dass Münzen mehr wert sind als Papiergeld, hält er Straßenmusikanten für steinreich. Ich bin nicht sicher, ob Hans meine pädagogisch anspruchsvollen Erklärungen verstanden hat. Wahrscheinlich erklärt er Samantha morgen, dass wir das Auto ihrer Eltern bezahlt hätten, Shakira dafür jetzt aber für die Griechen Geld sammeln und vor allem den Rosenkohl aufessen müsse. Wie erkläre ich dem Bengel, dass er sofort alles vergessen und kein einziges Wort im Kindergarten verlieren soll? Hans hat sich inzwischen unsere Fernsehdecke umgehängt und pustet in seine Plastikmundharmonika. »Ich mach' vor Reichelt Musik für Samantha«, sagt mein grundguter Sohn. Noch ist Europa nicht verloren.

Susanne Leinemann

Der Polizeigriff und seine Folgen

Kleinlaut kam unsere Tochter aus der Schule. Der Tag sei nicht so gelaufen, murmelte sie und hielt mir ein weißes Blatt hin: »Ich muss einen Brief schreiben.« Das Thema war vorgegeben: »Anwendung körperlicher Gewalt – Schreibe an das Opfer deiner Gewaltanwendung einen Brief, in dem du dich nicht nur entschuldigst, sondern auch erklärst und begründest, wie sinnlos und gefährlich Gewalt ist.«

Als Krönung eine Zeichnung am Ende des Vordrucks: Zwei Jungs; der eine, ein übler Bursche mit Basecap, falsch herum natürlich, hat einen unschuldig wirkenden kleinen Kerl am Kragen gepackt. Fragte man mich, welchem Typus ich meine Tochter zuordnen würde, ich würde immer »unschuldig« wählen. Wenn ich sie mit ihrem theatralischen kleinen Bruder erlebe, muss ich sagen, sie kann wirklich langmütig sein. Wird sie doch mal wütend, dann eher auf eine bockige Art. Sie ist mehr der Sitzblockadetyp als ein Freund roher Gewalt. »Was in aller Welt ist passiert?«, sagte ich also.

Der Polizeigriff war's, angewendet auf dem Schulhof. Die Kinder hatten Räuber und Gendarm gespielt, meine Tochter hatte den Dieb zu fassen gekriegt und dessen Arm nach hinten gedreht. »Nicht der echte Polizeigriff, Mama, den kenne ich ja, der tut weh. Nur so den Arm nach hinten.« Der Dieb selbst hatte damit kein Problem, er ist ein guter Freund meiner Tochter und hat zwei robuste Brüder – bis dem etwas wehtut, dauert es.

Nein, ein Dritter hatte die Szene beobachtet und vor den Klassenrat gebracht. Dort wurde verhandelt und das Urteil gesprochen: Ein Entschuldigungsbrief an das Opfer muss geschrieben werden. Der Klassenrat tagt wöchentlich in der 3b – so soll sich die wilde Klasse selbst disziplinieren. Alles kann vorgebracht werden, jede Ungerechtigkeit, jedes Vergehen, die Klageliste wird lang und länger. So ist es halt mit revolutionären Gremien. In Georg Büchners Stück »Dantons Tod« landen die Revolutionäre am Ende vor dem selbst geschaffenen Revolutionstribunal.

Auch den Missbrauch allzu gut gemeinter Korrektheit kann man auf dem Schulhof studieren. Inzwischen werde, hat mir eine andere Mutter erzählt, in der Pause sogar erpresst: »Wenn du das nicht für mich tust, bringe ich dich vor den Klassenrat.«

Unsere Tochter hat den Brief verfasst, auf ihre Art. »Sollte ich dir wehgetan haben, dann entschuldige ich mich. Aber ich glaube eigentlich nicht, dass ich dir wehgetan habe«, schrieb sie, um dann eine halbe Seite lang zu differenzieren zwischen dem schmerzhaften echten Polizeigriff und bloß ein wenig Arm nach hinten.

Das Arm-Opfer liebt den Brief. Weil er unsere Tochter mag. Und weil er – so erzählte es mir seine Mutter – froh war, auch mal einen Entschuldigungsbrief zu erhalten. Er musste nämlich an dem Tag zwei schreiben.

Hajo Schumacher

Theo, zieh dich warm an

Hans ist ein aggressiver Junge. Wenn er im Fernsehen bestaunt, wie Pippi Langstrumpf zwei Schurken auf einen Baum wirft, muss ihn sein großer Bruder nur dreimal nacheinander mit einem Sofakissen bewerfen, bis er sich auch schon wehrt. Ach du Schreck: Das Kind wirft zurück.

Und manchmal stürzt er sich sogar auf den Großen und will ihn hauen. Große Sorge. Ist das Kind psychisch gestört? Müssen wir zur Verhaltenstherapie? Braucht das Kind regelmäßig Valium? Werden wir ein Fall für die RTL-Super-Nanny? Bis dahin sollten wir all die Plastikschwerter, Wasserpistolen und Lego-Morgensterne verstecken, die in der Wohnung herumliegen.

Auch im Kindergarten hängt Hans der Ruf an, aus ihm werde ein Amokläufer. Denn der Junge trägt ein »Star-Wars«-T-Shirt, als sichtbaren Ausweis sittlicher Verrohung und elterlicher Verwahrlosung. Hans findet Star Wars spannend, wegen der Raumschiffe und der komischen Kostüme. Die anderen Eltern betrachten das Leibchen mit fürsorglicher Abscheu: Star Wars mit fünf Jahren? Da nimmt die zarte Kinderseele doch bestimmt irreparablen Schaden.

Der kleine Theo zum Beispiel fürchtet sich vor Star Wars. Theo ist ein schüchternes Kind, das lieber nicht mit den anderen spielt, sondern hektisch wippend unter einer Decke hockt. Theo wird links drehend vegan ernährt, kennt Fernsehen und Computer nur aus den Erzählungen der anderen Kinder und spielt ausschließlich mit biologisch gedrechselten Bauklötzen. Im Auto wird nicht mobil telefoniert, wenn Theo dabei ist, wegen der Strahlung. Playmobil-Figuren sind für Theo auch verboten, weil seine Fantasie darunter leiden könnte. Weil Theos Eltern sich nichts sehnlicher wünschen als eine Hochbegabung, wird der Junge regelmäßig von einem Kinderpsychologen begutachtet. Der Lümmel ist so hochbegabt, dass er sich nicht mal fürs Violinenspiel, die Sizilianische Eröffnung oder Quantenphysik interessiert.

Neulich hat er Hans gebissen, was Theo einen rechten Schwinger einbrachte. Theo hat geheult und Hans verpetzt. Empörte Eltern. Anwalt gerade noch abgebogen. Seitdem wissen wir: Beißen ist völlig normal für Hochbegabte und insofern zu tolerieren; eine Maulschelle dagegen ist total aggro und daher streng verboten. Die Menschen in der Steinzeit hätten ohne Aggression wahrscheinlich nicht lange überlebt. Ein Stück Wisent war damals ohne Gewalt kaum zu besorgen. Und ein Säbelzahntiger war auch mit einem einfühlsamen Gespräch nicht davon abzubringen, einen Menschen zu verspeisen. Eine zünftige Prügelei unter Jungs mag nicht die edelste Form der Kommunikation sein, aber der Schmuseterror von »Benjamin Blümchen« ist allemal brutaler.

Neulich haben wir Hans ein »Tom-und-Jerry«-T-Shirt gekauft. Wirklich niedlich, der süße Kater und die kleine Maus. Die beiden hauen sich im Trickfilm allerdings fortwährend Äxte in den Schädel oder drehen ihre Schwänze gegenseitig durch den Fleischwolf. Hans hat sich köstlich amüsiert, als wir die Filme auf YouTube geschaut haben. Der sensible Theo wird sich die nächsten Tage in Acht nehmen müssen.

Susanne Leinemann

Keine Garantie auf heile Welt

Mein Mann und ich sind sehr unterschiedlich. Wir haben beispielsweise eine sehr unterschiedliche Art, uns zu entspannen. Nehmen wir einen sonnigen Sonnabend, die Kinder spielen draußen. Ich greife mir eine Zeitung und setze mich auf den Balkon. Das ist für mich Entspannung. Bis mein Mann kommt. Der fängt an, den Olivenbaum zu gießen, dann fällt ihm auf, dass der Balkontisch geölt werden muss, dabei bemerkt er den Außenanstrich der Tür, da muss dringend etwas geschehen. Kurz und gut, er macht und tut die ganze Zeit auf dem Balkon herum. Er sagt, das entspanne ihn. Mich dagegen macht es wahnsinnig, wenn neben mir ständig getan und gemacht wird. Irgendwann knurre ich, er solle sich gefälligst neben mich setzen und so entspannt wie ich Zeitung lesen. Er knurrt dann zurück, er sei total entspannt, und im Übrigen könne ich glücklich sein, einen Mann zu haben, der sich kümmert.

Warum ich das erzähle? Ich will sagen: Wir führen eine glückliche Ehe, aber manchmal kracht es auch. In letzter Zeit werden wir beim Krachen allerdings gebremst. Unsere Kinder schätzen es nämlich gar nicht, wenn wir uns streiten. Unser kleiner Sohn hält sich dann demonstrativ die Ohren zu. Und unsere Tochter rollt mit den Augen: »Muss das sein?«

Kinder fordern von ihren Eltern Harmonie. Ausgerechnet! Unsere beiden können sich von morgens bis abends kabbeln, versöhnen, zerstreiten, vertragen. Aber offensichtlich brauchen sie dabei das Gefühl, dass eine Etage höher in der Hierarchie – bei den Eltern – alles in Ordnung ist. Das gibt ihnen Sicherheit. Und die brauchen sie noch dringender als ihren Streit.

Denn Kinder sind konservativ. Sie wollen kein Patchwork, kein Hin und Her und Ab und Zu. Sie wollen Mama und Papa. Basta. Sie können sich mit Patchworkfamilien-Modellen arrangieren, das schon. Aber wenn wir einen Familienausflug machen und in der S-Bahn sitzen – ich außen, dann unser Sohn, unsere Tochter, mein Mann –, dann sehe ich in den Augen unserer Kinder, wie glücklich sie sind. Und ich weiß, egal wie rücksichtsvoll wir es ihnen beibringen würden, es würde etwas in ihnen zerbrechen, wenn wir uns trennten. Sie würden altern, schlagartig. Denn sie würden früh, viel zu früh begreifen, dass die Welt nicht so heil ist, wie sie es vor einer Minute noch war. Natürlich können wir ihnen diese heile Welt nicht garantieren. Die Hälfte aller Ehen wird geschieden. Aber ich wünschte mir doch sehr, wir könnten ihnen diese Erfahrung ersparen.

Ich kenne Kinder, die haben eine Scheidung oder Trennung gut überstanden. Weil die Eltern sagten: Auch wenn die Liebe zerbrochen ist, egal, du bist unser Kind. Du bist das Beste, was uns je passiert ist.

Aber ich kenne auch Kinder, die sind schon in jungen Jahren Meister der Manipulation. Sie leben in einer Welt von zwei, drei, sogar vier Kinderzimmern (Mutter, Vater, die neuen Partner), und sie spielen geschickt über Bande wie ein ausgekochter Diplomat. Was der Vater nicht gibt, kriegen sie von der Mutter. Was der neue Freund der Mutter nicht will, macht die neue Freundin des Vaters möglich. Sie ziehen Strippen, sie vertrauen wenig und testen viel. Ihr Leben ist zu anstrengend für das eines Kindes. Und ich schwöre, die Augen dieser Kinder sind müde.

Hajo Schumacher

Tür an Tür mit Hildegard

Wir haben nichts gegen Singles, nicht mal gegen kinderlose, jedenfalls nicht gegen alle. Als Paten leisten sie gute Dienste, bisweilen sogar als Babysitter. Eine Sorte kinderloser Singles ist allerdings zu nichts zu gebrauchen außer zum Ärgern. Hildegard zum Beispiel. Hildegard wohnt in unserem Haus und möchte gern »Hilde« genannt werden. In Bekanntschaftsanzeigen würde sie sich als »super locker« anpreisen, schließlich fährt sie Cabrio und besucht Seminare zur Persönlichkeitsentwicklung. Leider ohne Erfolg. »Ich liebe Kinder«, erklärt sie oft, deswegen dürfen die Kleinen auch Du zu ihr sagen. Hans findet »Tante« allerdings treffender. In ihrem Cabrio darf er nicht mitfahren. Könnte ja schmutzen.

Hildegard klingelt hemmungslos zu jeder Tageszeit, wenn sie Hilfe braucht. Weil strategische Hilflosigkeit zu ihren wesentlichen Charaktermerkmalen zählt, klingelt sie ziemlich oft. Mal müssen Regalbausätze in den dritten Stock geschleppt, ausgepackt, zusammengesetzt und verschraubt werden, mal tut's der Videorekorder ausgerechnet dann nicht, wenn auf Arte der Tango-Abend kommt. Hildegard steht dann gern daneben, guckt zu und sagt immerfort: »Was ein Stress.«

Hildegard hat es schwer. Sie arbeitet in leitender Position in der Erwachsenenbildungsverwaltung, knüppelharte achtunddreißig Stunden. Wenn sie sich nicht gerade im Urlaub oder während der häufigen Krankmeldungen erholt, dann am Wochenende, leider immer in Hörweite. Das sind die Tage, in denen ihre Kinderliebe schlagartig erkaltet.

Neulich hat Hans im Hof sein Fahrrad repariert, ein bisschen geklimpert, ein wenig geflucht, was Kinder so machen, die mit dem Schraubenschlüssel noch nicht ganz vertraut sind. Nach wenigen Sekunden hing Hildegard aus dem Fenster. »Kannst du die Uhr noch nicht lesen?«, giftete sie zu Hans hinab. Nein, kann er nicht. Hans ist fünf, und Zeit ist ihm egal, einer der wesentlichen Vorzüge der Kindheit. Ohnehin war es kurz vor drei, also ein akademisches Viertel vor Ablauf der Mittagsruhe, an die sich in Berlin sowieso niemand hält außer uns. Da darf man schon mal vorsichtig dengeln. Hildegard sah das anders. »Das muss doch nicht sein«, keifte sie. »Doch«, dachte ich.

Am Wochenende darauf bastelte Karl, der Große, tatsächlich ein Schwert für Hans, aus Holz und Pappe. Einer jener seltenen Momente, in denen Elternsein in TV-Serien und Elternsein in der Realität mal übereinstimmt. Hundertmal prügeln sich der Große und der Kleine, aber dieses eine Mal basteln sie einträchtig zusammen, sogar außerhalb der Mittagszeit. Ewige Minuten der Eintracht, der Ruhe, pures Vaterglück. Bis Hildegard aus dem Fenster hängt: Ob die Kinder das Hämmern wohl unterlassen können, sie mache gerade Yoga, zur Entspannung.

Ich atme sehr ruhig und tief, einfach nur, um Kraft zum Schweigen zu sammeln. Jedes meiner Worte würde Hildegard verletzen. Ich werde sie für einen Platz im Single-Wohnheim anmelden: hundert Prozent schallgeschützt, mit Tango, Yoga und garantiert ohne Kinder. Dafür aber meilenweit hinter Potsdam gelegen.

Susanne Leinemann

Bei mir zu Hause gibt es die Testosteronseilschaft

Lust auf eine Autofahrt mit meinem Sohn? Die hat großen Unterhaltungswert. Meine Tochter und ich sind jedes Mal wieder überrascht, wie heftig der Kleine hochkocht, wenn wir auf eine mehrspurige Straße einbiegen. Aber der Reihe nach.

Jede Autofahrt beginnt damit, dass ich ihn in seinem Kindersitz festzurre. Meine Tochter erledigt das alles schon selbst, ich parke aus und schlängele mich durch die eigentlich weiten, aber zugeparkten Straßen von Wilmersdorf – ein Hindernisparcours. Hier blockiert ein UPS-Laster eine Straßenseite, dort steht ein Ich-bin-groß-und-wichtig-Geländewagen in zweiter Reihe. Das Übliche eben. Schaue ich in den Rückspiegel, sehe ich einen ausgeglichenen, rundum zufriedenen Dreijährigen.

Aber dann erreichen wir den Hohenzollerndamm. Der Hohenzollerndamm hat drei Spuren. Und sobald ich ein wenig beschleunige, kommen von hinten die ersten Anfeuerungsrufe meines Sohnes: »Los, schneller, Mama, überhol sie. Wir sind die Schnellsten! Schneller, schneller.« Natürlich bin ich eine rücksichtsvolle Autofahrerin, was dazu führt, dass auch wir mal zurückbleiben. Wutgeschrei von der Rückbank. »Der hat uns überholt, Mama. Du musst schneller fahren!«

Ist er zufrieden mit meiner Leistung, lobt er mich mit folgendem Reim: »Schneller Propeller, die Oma rast im Keller.« Versage ich dagegen auf ganzer Linie, weil ich mich an die vorgeschriebene Geschwindigkeitsbegrenzung halte und auch wenig Lust habe, mich mit tiefergelegten BMWs anzulegen, deren Scheiben getönt und deren männliche Besitzer gerade erst dem Stimmbruch entwachsen sind, wird er wirklich wütend. Er brüllt dann: »Mama, überhol endlich den Penner.«

Überhol den Penner? Woher hat mein dreijähriger Sohn das? Aus dem Kindergarten? Nein, nein, ich habe da einen ganz bestimmten Mann in Verdacht. Derselbe Mann, der sich das Grinsen und das Daumen-hoch-Zeichen (zum Glück im Rücken unseres Nachwuchses) nicht verkneifen konnte, als mein Sohn sich weigerte, das Kinderzimmer aufzuräumen und dazu erklärte, das solle gefälligst seine Schwester tun. Sein Argument: »Sie ist ein Mädchen.« Natürlich musste er jetzt erst recht aufräumen – allein.

Machen wir uns nichts vor, in dieser Familie gibt es eine Testosteronseilschaft zwischen meinem Mann und meinem Sohn. Bei meinem Sohn haben die männlichen Hormone im Moment volle Durchschlagskraft. So behauptet er beispielsweise, er könne lesen (seine Schwester kann inzwischen tatsächlich lesen, was ihn verrückt macht). Er zeigt also auf Straßenschilder, auf Ladeninschriften, auf die großen Lettern der Cornflakespackung – und wissen Sie, was dort immer steht? Der Name unseres Sohnes. Er ist felsenfest davon überzeugt, dass die ganze Stadt mit seinem Namen gepflastert ist.

Klarer Fall von männlichem Größenwahn! Unsere Tochter hatte diese Phase nicht. Es ist fast rührend, wie sehr sich unser Sohn als Herrscher der Welt sieht. Gleichzeitig merkt er natürlich (denn er ist ja irgendwie auch ein kluger, sensibler kleiner Kerl), dass die Welt ihm nicht wirklich untertan ist. Diese Kluft führt zu Wutausbrüchen und Angstattacken. Unser Sohn macht im Moment keinen Schritt allein, er muss überallhin begleitet werden, zur Toilette, ins Kinderzimmer, in die Küche. Er lässt sich rundum bewachen, als sei er der amerikanische Präsident. Das alles wird vorübergehen, sage ich mir, es ist nur eine Phase. Vorausgesetzt …

… vorausgesetzt, dass mein Mann ihn nicht zu sehr in seinem männlich-narzisstischen Verhalten bestärkt. Er hat sich allerdings gerade ein – wie er sich ausdrückt – »irres Geburtstagsgeschenk« für unseren Sohn ausgedacht. Mein Mann hat einen Testwagen organisiert, mit dem er zum vierten Geburtstag seines Sohnes vorfahren will. Dessen Kindersitz wird dann vorn festgeschnallt sein statt, wie üblich, hinten. Vorn auf dem Beifahrersitz. Dann brettern beide los. In welchem Wagen?

Einem nagelneuen, knallroten Porsche! Glauben Sie mir: Männer sind evolutionär nur wenige Schritte von der Neandertalhöhle entfernt.

Hajo Schumacher

Männer im Wasser

Wir sind eine sportliche Familie. Bei wachsender Hüftlast trabt der Patriarch durch den Grunewald, wobei die Laune sich in Grenzen hält, wenn der Kleine mit dem Rad falsch abbiegt, was die Runde verlängert, oder der Große locker davonwetzt. Immerhin haben die Kinder früh gelernt, bei Länderspielen den Schnabel zu halten. Neulich verordnete die Chefin: »Mehr Schwimmen!« Ich stimmte widerwillig zu. Hans erzählte jede Woche von weiteren Kindergartenkollegen, die das Seepferdchen geschafft hatten. Wir waren offenbar wieder mal die Letzten. Also üben. Mit ein wenig Wassersport ließ sich womöglich auch der Bandscheibenvorfall hinauszögern.

Öffentliche Bäder sind mir suspekt. Was mag Unsichtbares auf den Kacheln kleben, die Hans so hingebungsvoll mit unserem guten Handtuch feudelt? Sind all die Füße pilzfrei, die hier durchschlurfen? Schafft das Chlor wirklich wassertiefe Reinheit? Immerhin kann man auf den Grund gucken, jedenfalls im Kinderbecken. Zwei moppelige Jungs aus dem osteuropäischen Kulturkreis spielten Rugby im Flachen, ohne Ball. »Macht mal Platz, ihr Bengels«, sagte ich in generationsadäquatem Ton. Der Nettere von beiden zeigte mir den Stinkefinger. Hans stand am Beckenrand und zierte sich. »So kalt«, bibberte er. Aus pädagogischen Gründen konnte ich ihm nicht zustimmen. Aber er hatte leider recht. Es war nicht kalt, es war eisig. Von meiner Schutzschicht aus körpereigenem Biopren umhüllt wie ein Orca hechtete ich dennoch mit einem olympiareifen Kopfsprung ins Becken. Hans fragte besorgt vom Beckenrand: »Tut dein Bauch weh?« Ich fühlte nichts. »Warum sollte er denn?« Der Kleine erklärte: »Weil du voll drauf gelandet bist.« Papperlapapp. In dem Alter kann man die Schönheit eines virtuos vorgetragenen Flachköppers noch nicht beurteilen. »Komm rein«, lockte ich. Doch Hans schüttelte den Kopf. »Muss auf Klo.« Mir wurde schlecht. Alle Kinder pinkeln ins Becken, nur meins nicht. Wie auch, steht ja am Rand. Und von dort aus wäre es wirklich etwas auffällig.

Nach dem Besuch der sanitären Anlagen will Hans duschen, freiwillig. Das ist neu. Aber lieber nass und warm als trocken und kalt, denkt er sich wohl. Ins Becken will er immer noch nicht. In der guten Viertelstunde unter der Brause führe ich dem widerständigen Jungen die Technik des Brustschwimmens vor. Er sieht mich skeptisch an und rudert ein wenig mit den Armen. Wir haben uns dann wieder angezogen und auf all die Anstrengung erst mal einen Hamburger verspeist.

Zwei Wochen später hole ich den Jungen vom Kindergarten ab. Stolz hält er mir ein Stück Papier hin und ein Stoffabzeichen. Nicht zu fassen: das Seepferdchen, heute bestanden. Tränen des Glücks steigen auf – doch ein Wunderkind. »Hans war prima, hat alles gekonnt«, meldet die Kindergärtnerin. »Kein Wunder«, entgegne ich: »Wir haben ja auch geübt.«

Susanne Leinemann

Kleine Mädchen sind nicht die besseren Menschen

Sind Frauen bessere Menschen? Was lange als gestriger Radikalfeminismus verschrien war – ich erinnere an den Achtzigerjahre-Toilettenspruch »Als Gott den Mann erschuf, übte sie bloß« –, das kommt wieder in Mode.

Nicht nur die österreichische Schriftstellerin Elfriede Jelinek ist seit dem Inzestfall von Amstetten wieder gefragt (Sie wissen schon, die Nobelpreisträgerin mit den sehr rot geschminkten Lippen). Ihre These: Irgendwie trägt jeder heterosexuelle Mann einen Folterkeller in sich. Auch Karen Duve, die zwölf Jahre lang Taxi gefahren ist, deshalb über enorme Menschenkenntnis verfügt und jetzt einen Roman über diese Zeit geschrieben hat, sagte kürzlich in einem Interview: »Jeder Taxifahrer weiß: Frauen sind bessere Menschen.«

Kann nicht sein, dachte ich da. Frauen können auch grausam sein (man denke nur an Tiefkühltruhen, Blumenkästen und abgedunkelte Kinderzimmer). Und ich habe doch täglich mit Männern zu tun. Ich schätze sie, bin mit einigen befreundet, manche liebe ich sogar. Überhaupt, ich bin Mutter eines kleinen Sohnes. Den lasse ich doch nicht von vornherein als Schwein abstempeln. Was man halt so denkt als Durchschnittsfrau und Durchschnittsmutter.

Inzwischen bin ich da nicht mehr so sicher. Denn ich war vor einigen Tagen mit meinem dreijährigen Sohn abends im Hof.

Das Wetter war so schön, also gingen wir kurz vor der Abenddämmerung noch mal zum Sandkasten. Dort entdeckte mein Sohn nach einer Weile eine Ameise. Er beugte sich interessiert über sie, und in diesem Moment dachte ich, ganz die stolze Mutter: »Dein Junge entdeckt die Liebe zur Kreatur. Schau, wie fasziniert er dieses kleine und doch ungeheuer komplexe Lebewesen beobachtet. Nichts ist so toll wie staunende Kinderaugen, die zum ersten Mal etwas in der Welt erblicken.«

Ich hatte mich getäuscht. In Wirklichkeit errechnete er nur die Zielkoordinaten. Denn was wenige Sekunden später folgte, war ein Ameisenmassaker. Nicht nur diese Ameise musste dran glauben, auch einige andere, die sich in ihrer Nähe befanden. In einem fast wahnhaften Rausch beförderte er die Ameisen auf immer neue Arten ins Jenseits – er zerstampfte sie hingebungsvoll mit seinen kleinen Füßen, er begrub sie mithilfe seiner Schaufel unter einem riesigen Berg Sand, er erlegte sie mit dem Kantenschlag der Schaufel oder ließ sie genüsslich auf diese klettern, um sie in Golfschlagmanier über den Rasen zu schleudern.

Zwei, drei Minuten dauerte die Ameisenorgie. Dann sah er mich triumphierend mit erhobener Schaufel an und sprach mit einem nie gesehenen Strahlen im Gesicht die Worte: »Ich habe die Ameisen totgemacht.«

Das gibt einem dann als Mutter doch zu denken. Woher hat der Junge das? Steckt es unauslöschbar in seinem Y-Chromosom? Ich versuchte die Frage mit meinem Mann zu diskutieren, doch der war unverhohlen stolz auf den Insektenfeldzug seines Sohnes. Währenddessen hörte sich meine fünfjährige Tochter die ganze Schilderung interessiert an, sagte aber nichts weiter dazu. Mit der hatte ich so eine ähnliche Szene noch nie erlebt. Klar, die ist ja ein Mädchen. Bessere Menschen und so.

Am Tag darauf lief eine Ameise durch das Kinderzimmer. Eine einzelne, arme, unschuldige Ameise. Mein Sohn hatte sie nicht bemerkt. Da zeigte meine Tochter auf sie. »Guck mal, eine Ameise«, sagte sie freundlich zu ihrem Bruder. »O ja«, rief der erfreut aus. Aber es sah diesmal nicht so aus, als hecke er sofort finstere Pläne aus. Das merkte meine Tochter. Also legte sie nach.

»Totmachen?«, fragte sie ihn mit ihrer arglosen Kleinmädchenstimme. Dieses Biest! Sie hätte der Ameise auch ein Zielkreuz auf den Rücken malen können, denn es war klar – sie hatte ihren kleinen Bruder damit sofort auf den Geschmack gebracht.

»Totmachen!«, rief mein Sohn nun erfreut aus, und damit war das Ende eines weiteren kleinen Krabbeltiers besiegelt. Diesmal nahm er seine Finger zur Hilfe. Beide schauten nach der Tat zufrieden drein – mein Sohn genauso wie meine Tochter. Sie hatte ihren Willen bekommen, er hatte die Drecksarbeit getan.

Was soll ich sagen? Der Mensch is a Sau.

Hajo Schumacher

Abenteuer im Schuhgeschäft

Zu den letzten großen Abenteuern des Großstadtvaters gehört der Kauf von Kinderschuhen. Früher war das eine einfache Angelegenheit: Mutti bestellte im Fachgeschäft »strapazierfähige Halbschuhe«, der Kinderfuß wurde in ein Vermessungsgerät gezwängt, das aussah, als würde es Zehen abbeißen, eine bärbeißige Fachkraft schleppte Kartons herbei, Mutti prüfte Nähte, Sohlen und drückte mit der Verkäuferin um die Wette auf den Schuhen herum, um den Spielraum für den großen Zeh zu ermitteln. Fürs Stillhalten wurde der Spross mit einem Lurchi-Heft belohnt. Dafür galt: Die neuen Schuhe durften weder zum Toben noch zum Fußballspielen, also eigentlich gar nicht getragen werden, bis sie schon fast wieder zu klein waren.

Heute ist der Kinderschuhkauf ein gesellschaftlich relevantes Event. Im Fachgeschäft gibt es Abenteuer und Natursteinteststrecke, dafür kaum noch Personal. Eltern ziehen Kartons aus Stapeln, während die adipösen Sprösslinge in Erlebnisröhren feststecken. »Piraten- oder Ritterschuhe« hatte Hans bestellt, bevor er davonstürmte. Leider gibt es hier aber nur vegane Vernunfttreter, ökologisch abbaubar, mit atmender Sohle und sprechenden Schürsenkeln.

Kinderschuhe werden ja längst nicht mehr für Kinder gemacht, sondern für Eltern, die in der Garderobe des Kindergartens ein Statement abgeben wollen. Da stehen die kleinen Schühchen, aufgereiht wie die peinlichen Geländekarren vorm

Golfklub, und senden Botschaften. Erstens: Für die kostbaren Füße unseres Hochbegabten ist uns nichts zu teuer. Zweitens: Auch beim Schuhkauf sind wir total klimaneutral und leisten uns Ware, die garantiert ohne Walfell produziert wurde. Und drittens: Eigentlich sind wir Himalaya-Bergsteiger, schaffen es aber nicht mal um den Schlachtensee.

Hans erstickt langsam zwischen zwei Moppeln in der Erlebnisröhre, während der Vater Grundsatzüberlegungen anstellt. Kinderfüße sind ja mit geheimen Biorezeptoren ausgestattet, die bei jedem Schuhkauf aktiviert werden. Kauft man die passende Größe, werden die Füße innerhalb einer Nacht um zwei Zentimeter wachsen. Erwirbt man eine Nummer größer, wird das Wachstum auf Monate eingestellt, und Hans legt sich bei jedem Sprint auf die Nase.

Ich habe vier Paar zur Ansicht ausgesucht, weder Ritter noch Pirat, dafür sündteuer. Ich will Hans an den Füßen aus der Röhre ziehen, aber der Racker krallt sich fest und schreit. Die anderen Eltern starren mich empört an, womöglich auch wegen der Löcher in den Socken meines Sohns, die besonders gut zu sehen sind, wenn das Kind kopfüber hängt. »Waldorf-Kindergarten«, flunkere ich.

Murrend probiert Hans den ersten Schuh. »Gut«, sagt er und schielt zur Erlebnisröhre. Vergebliche Suche nach dem großen Zeh. »Fast gut«, sagt Hans noch mal mit schmerzverzerrtem Gesicht, reißt den Fuß aus dem Schuh und fischt das Stopfpapier aus der Kuppe. Nächstes Modell. »Gut«, sagt Hans wieder und humpelt mit einem Schuh Richtung Erlebnisröhre. Ich gehe derweil zur Kasse. Vielleicht kriege ich für meine Tapferkeit ja ein Lurchi-Heft.

Susanne Leinemann

»Mama haben wir verkauft«

Der Kapitalismus ist in der Krise. Krise!? Bei uns daheim ist die kapitalistische Welt noch in Ordnung. Unsere Kinder sind Fans der freien Marktwirtschaft.

Der Grundstein dafür wurde auf dem Basar des Kindergartens gelegt. Eigentlich hatten wir nicht vor, dort etwas zu verkaufen, wir wollten nur mal an den Ständen vorbeischlendern. Aber dann nahmen die Kinder doch fünf eingestaubte Puzzles aus ihrem Zimmer mit. Und siehe da, ein Tapetentisch in der Turnhalle war noch frei. Die Kinder legten ihr kleines Sortiment hin – und das Wirtschaftswunder geschah: Sie machten ihr Angebot, es gab Nachfrage. Dreißig Minuten später hatten sie alle Puzzles verkauft und waren stolze Besitzer von 5 Euro und 50 Cent. Davon kauften sie sich irgendeinen Mist. Es war schließlich ihr Geld.

Josef Schumpeter oder auch Ackermann hätten ihre helle Freude an unseren Kindern gehabt. Uns dagegen war unklar, wie tief sich dieses Erlebnis eingeprägt hatte. Bis zum letzten Wochenende. Da waren die Kinder und ich draußen in Brandenburg an einem See. Große Kindergartensause mit Elternbegleitung. Mein Mann wollte nachkommen.

Während die Kleinen spielten und die Eltern in der Sonne dösten, empfing ich einen Anruf. Mein Mann war zwar fast am Ziel, hatte sich auf den letzten Metern allerdings total verfahren. Man merkt gleich, unser Auto besitzt kein Navigationssystem

(»Nawwi«). Was tun? Ich zog los, um einen ortskundigen Menschen zu finden. Die Kinder ließ ich in der Obhut eines befreundeten Vaters.

Ich muss eine Viertelstunde weg gewesen sein, da fiel meiner sechsjährigen Tochter meine Abwesenheit auf. Irritiert wandte sie sich an ihren Aufpasser, einen Vater dreier Söhne. »Wo ist meine Mama?«

Die Vorlage war zu schön. Der Mann stammt aus dem Ruhrgebiet, der Heimat des trockenen Witzes. Er antwortete todernst: »Die haben wir verkauft. Von dem Geld machen wir was Schönes.«

Die Augen meiner Tochter weiteten sich, sie stutzte. Einen Augenblick lang sah es so aus, als würde sie gleich weinen. Gerade fragte sich der befreundete Vater, ob er womöglich mit seinem Witz zu weit gegangen sei, da änderte sich der Gesichtsausdruck meiner Tochter. Ihre Augen wurden ganz schmal. »Nein! Das Geld gehört« – ihr Ton war jetzt sehr entschieden – »*meiner* Familie.«

Sie ist schnell im Kopf. Sie hat Humor. Und offensichtlich einen gesunden Sinn für wirtschaftlichen Pragmatismus. Den hat sie aus der weiblichen Linie geerbt. Meine Großmutter handelte im Sommer 1945 auf dem Schwarzmarkt von Buxtehude, sie schob geschlachtete Ferkel im Kinderwagen an den britischen Besatzern vorbei. Und auch meine Schwiegermutter besitzt die Fähigkeit, aus nichts Geld zu machen. Unsere Tochter hat also das Zeug, uns eines Tages durchzubringen, falls das Rentensystem endgültig versagt.

Jetzt müssen wir ihr nur noch beibringen, dass man nicht alles verkaufen darf. Zum Beispiel nicht die Mama.

Hajo Schumacher

Eltern im Speichelregen

Wir sind eine besorgte Familie. Hingebungsvoll fahnden wir bei unseren Kindern nach jedem denkbaren Defizit. Und wir scheuen uns nicht, auch das kleinste Indiz als erstes Anzeichen einer großen Krise zu interpretieren. Unsere Buben sind längst noch nicht austherapiert und durchanalysiert. Man muss nur sorgenvoll genug suchen. Dann findet sich immer was.

Derzeit ist Hans mal wieder an der Reihe. Er hat nicht nur ein kleines, sondern ein massives Problem. Hansens Handicap ist sichtbar, hörbar und manchmal sogar spürbar, wenn feiner Speichelregen auf seinen Gesprächspartner niedergeht. Wir überlegen, unseren Urlaub in einer amerikanischen Fachklinik zu verbringen, mit flankierender Psycho-Betreuung, vor allem für die Eltern. Denn unser Kind …, ich sage es wirklich ungern, weil man ja so schnell aufs gesellschaftliche Abstellgleis gerät, wenn man sich nicht umgehend kümmert. Was haben wir nur falsch gemacht? Also, unser Sohn …, es ist wirklich unangenehm, manche Leute gucken schon oder grinsen sogar, und die Nachbarin fragte neulich, ob wir schon in logopädischer Behandlung seien, sie kenne da einen Fachmann, der ein südwesttibetisches Hypnoseverfahren anwende. Also, unser Kind …, ja, verdammt noch mal: Es lispelt.

Der verantwortungslose Vater dachte bislang, dass es mit den Zähnen zu tun haben könnte, die aufgrund verschärfter Dentalmauser derzeit in sehr verschiedenen Längen und Breiten aus dem Kiefer ragen, und begegnete dem Problem mit einem »Das gibt sich«, zumal das »Sch« ganz gut klappt. Nur das »S« eben nicht. Die morgendlichen Sprechübungen verweigert der Schlingel, inzwischen hat er bemerkenswertes Geschick entwickelt, S-Worte zu umgehen. »Salami« boykottiert er, zumal »Wurst« ja auch nicht geht, und »Käse« heißt nur noch »Gouda«. Neulich, beim Elternabend, wurde die Theorie diskutiert, dass Sprachfehler eindeutig auf frühkindliche Traumata zurückzuführen seien, eine Art projektiver Sublimation, zum Beispiel, um mit einem dominanten Vater fertigzuwerden. Das kann nun wirklich nicht sein, weil ich zu Hause absolut nichts zu sagen habe. Aber vielleicht spürt das Kind unterbewusst, wie sehr ich eben daran leide, und lispelt aus Solidarität. Keine Frage, therapeutische Hilfe muss her, wobei das Familienoberhaupt Wert darauf legt, dass der Experte zweifelsfrei nachweist, warum die Eltern schuldlos sind. Ein schlechtes Gewissen habe ich nämlich schon.

Neulich rief der Großvater an. Nach einigem Herumdrucksen gestanden wir unsere neueste Sorge. Opa lachte. »Schön, wenn ihr sonst keine Probleme habt. Alle unsere Kinder haben gelispelt. Aber bis zum Abitur war's verschwunden. Und ein Dachschaden ist bei keinem zurückgeblieben, oder?« Ich finde, er macht es sich zu einfach.

Susanne Leinemann

Kampf um den Kuchen

Wir waren zu Ostern bei der Schwiegermutter auf dem Dorf. Nur die Kinder und ich – mein Mann konnte dieses Jahr nicht dabei sein. Was soll's, die Oma freut der Enkelbesuch. Der Ostersonntag begann gut, der Osterhase hatte fleißig Schokoeier und Päckchen im Garten abgelegt. Die Stimmung war prima. Bis wir mittags ins nahe gelegene Restaurant gingen.

Unsere Kinder und Restaurants, das Thema bleibt schwierig. Ich bestellte für den Nachwuchs Nudeln mit Butter, eigentlich eine sichere Sache. Die Kinderteller wurden als Erstes serviert, doch der Koch hatte sich die Freiheit herausgenommen, vereinzelte Erbsen zwischen die Nudeln zu schmuggeln. Lange Gesichter, die Kinder pickten missmutig im Essen herum und schoben dann die Teller weg. Ob sie wieder raus zum Spielen dürften? Na gut, sagte ich. Dann konnten wenigstens meine Schwiegermutter und ich in Ruhe essen.

Nach fünf Minuten war mein Sohn wieder da, jammernd. Er wolle sofort nach Hause, ihm sei langweilig. »Oma und ich essen gerade.« Er merkte, so kam er nicht weiter. Also griff er sich an den Bauch. »Mama, ich habe Bauchschmerzen.« Jetzt krümmte er sich leicht. Meine Schwiegermutter schaute panisch – ihre größte Sorge ist, dass die Kinder krank werden. Wir verzichteten auf den Espresso und zahlten. Ich blieb misstrauisch.

»Auaauauaaua«, jaulte mein Sohn auf dem Heimweg. Bis wir nach dreihundert Metern an der Haustür angelangt waren.

»Jetzt will ich Kuchen«, verkündete mein Sohn frech und verschwand in der Speisekammer. Sekunden später kam der Fünfjährige triumphierend mit dem runden, schokoüberzogenen Sandkuchen heraus, den Oma extra zu Ostern gebacken hatte.

Das war dreist! Ich mache ja viel Mist mit, aber wenn mir die Kinder offensichtlich auf der Nase herumtanzen, werde ich wütend. Ich nahm meinem Sohn also den Kuchen ab und teilte ihm mit, das solle er sich aus dem Kopf schlagen. Wir würden erst in zwei Stunden Kaffee trinken. Bis dahin könne er sich ja mit einem Brot über Wasser halten, nachdem er sich im Restaurant so bockig benommen habe. Entschlossen trug ich den Kuchen zurück in die Speisekammer.

Und was hörte ich, als ich herauskam? Meine Schwiegermutter beugte sich flüsternd zu ihrem Enkel hinunter und sagte: »Deine Mutter gibt dir keinen Kuchen. Aber ich schneide dir gleich ein Stück ab. Dann hast du deinen Kuchen.« Na super, jetzt tanzten mir zwei auf der Nase herum!

Um die Geschichte kurz zu machen: Am Ende heulten zwei Kinder (meine Tochter heult gern mit, wenn die Situation eskaliert), und meine Schwiegermutter war sauer. Ich dagegen fühlte mich im Recht – aber auch ziemlich einsam.

Das schöne Osterfest drohte zu kippen. Irgendwie mussten wir aus dem Schlamassel herauskommen. Aber jetzt einfach den Kuchen freigeben, niemals! Ich wollte mein Gesicht wahren. Zwischen zwei Schluchzern verhandelte ich also mit meinem Sohn. »Ich schmier dir jetzt ein Brot mit Lieblingswurst. Und wenn du das gegessen hast, kriegst du ein Stück Kuchen.« Er nickte erleichtert.

Glücklich aß er danach sein Brot. Und drei große Stück Kuchen.

Hajo Schumacher

Überdosis Fernsehen

Schade, dass »Wickie« nicht mehr läuft. Seit Wochen kommt nach dem Sandmännchen jetzt »Amadeus«, ein furchterregend biederer Bildungsbürger-Comic. Sieht aus wie abgefilmte Buchseiten. Für »Wickie« haben wir jedes Buch weggelegt. Für Shary Reeves von »Wissen macht Ah« auch. Und für »Ferien auf Saltkrokan«.

Natürlich besitzen wir jede Menge Bücher. Wer von Berufs wegen allerdings den ganzen Tag liest, verabschiedet sich bald von der mythologischen Überhöhung des papiernen Mediums. Denn zum Lesen sind nicht alle Bücher gleichermaßen geeignet. Bei manchen sind wir froh, dass sie sehr dünn sind. Dann bekommt man sie besser unter den linken hinteren Fuß des Fernsehmöbels geschoben, das seither nicht mehr wackelt.

Bücher machen sich gut zur Dekoration, falls mal Besuch kommt, der aufs Regal schaut und nicht in den Fernseher. Seit sich in Karls Schule und in Hansens Kita herumgesprochen hat, dass bei uns eine ausgesprochen liberale TV-Gesetzgebung herrscht, ist das Wohnzimmer voll, gerade bei Sonnenschein und in den Ferien. Fernsehen schafft Freundschaft, und wenn sie nur so lange dauert wie »Rambo«. Wobei wir zugleich eine konsequente Ein-Schirm-Politik verfolgen, aus pädagogischen Gründen, damit die Kinder Respekt vor dem Geschmack der Eltern lernen. Allenfalls bei »Shaun, das Schaf«, »SpongeBob« und »Dschungelcamp« sind wir uns einig, alle anderen Sendungen erfordern gerade von den kleineren Kindern viel Verhandlungsgeschick, um ihren Programmwunsch durchzusetzen. Die Fernbedienung heißt bei uns »Die Macht« und wird im Streitfall stets vom Familienoberhaupt bedient, also von der Chefin.

Im Gegensatz zum sozial isolierenden Lesen bietet der Fernseher ein Gemeinschaftserlebnis. Wenn eines Tages die Welt untergeht, brauchen wir eigentlich nur noch unser Sofa dazu. Es hat die Sitzfläche von etwa drei Großbildschirmen – ein echtes Wohnmöbel. Wir leben auf unserem Sofa, und zwar alle gleichzeitig. Der Vater döst, die Chefin macht pädagogisch wertvolle Anmerkungen zum jeweils laufenden Film, der Große hat den Laptop auf den Knien und guckt gruselige Kollisionen auf YouTube. Mit Wänden drumherum, einem Kühlschrank und einer Toilette würden wir dort glatt überwintern.

Vorn auf der Sofaspitze, gleichsam im Bugspriet, sitzt Hans und guckt fern. Auf unserem Wohnsofa hat der Junge Ausdauer und vor allem Konzentration gelernt. Weder mein Schnarchen noch Mutters Worte, nicht das Geschepper aus dem Rechner noch die Giftsocken des großen Bruders können ihn stören. Selbst die Leberwurstbrote stopft er sich in den Mund, ohne die Augen vom Bildschirm zu nehmen. So lernen die Kinder am schnellsten die wichtigste Kulturtechnik der Zukunft, das Multitasking.

Die dauernde Überdosis Fernsehen, gerade am Sonntagmorgen, wenn Eltern allenfalls bedingt einsatzbereit sind, führt zu den merkwürdigsten Reaktionen. Neulich Abend schaltete Hans den Fernseher freiwillig ab, völlig zu Recht übrigens, denn die »Biene Maja« ist wirklich unerträglich. Er verschwand in seinem Zimmer und kam mit einem Urmel-Buch zurück: »Vorlesen«, befahl er. So ein Pech. Gleich fängt doch der »Tatort« an.

Susanne Leinemann

Vorstandskrokodile und Mondraketen

Wann genau ist uns die Kontrolle entglitten? Heute Morgen, ich lag noch im Bett, die Kinder kuschelten sich dazu, wurde ich im Halbschlaf Ohrenzeuge dieses Dialogs.

Unser Sohn, triumphierend: »Ich habe schon drei ›Star Wars‹-Filme gesehen!« Darauf unsere Tochter, schnippisch: »Ich einen – ›Episode IV‹.« Sie ist schließlich schon acht, also viel, viel älter als ihr bald sechsjähriger Bruder.

»Wo habt ihr die Filme denn alle gesehen?«, fragte mein Mann erstaunt. »Den einen in Hamburg beim Patenonkel«, berichtete die Tochter stolz. »Die anderen, als wir bei meinem Freund Henry übernachtet haben«, ergänzte der Sohn. Henrys Vater ist Engländer, dem sind deutsche TV-Hemmungen fremd.

Stille trat ein im Bett. Meine Tochter, das merkte ich auch in meinem Dämmerzustand, war unzufrieden. Es stand 3 : 1 im Star-Wars-Krieg mit ihrem kleinen Bruder. Aber sie hatte ja noch weitere Filmmunition in der Hinterhand. »Ich habe letzte Woche den ›Harry Potter‹-Film gesehen. Erster Teil. Bei meiner Freundin«, triumphierte sie.

»Und ich die ›Vorstandskrokodile‹!«, konterte mein Sohn. Bei ihm werden aus den »Vorstadtkrokodilen« immer wilde Wirtschaftstiere. »Den habe ich auch gesehen. Aber den zweiten Teil kennst du nicht – der lief nämlich im Hort.«

»Ihr schaut Filme im Hort?«, fragte ich schlaftrunken.

»Klar!«, rief unsere Tochter erfreut. Ihr Bruder wälzte sich unruhig hin und her – Harry Potter kennt er nicht, den zweiten Teil der Vorstadtkrokodile hat er auch noch nicht gesehen. Mit irgendwas muss er doch noch punkten können. Und da fiel es ihm ein. »James Bond«, rief er.

»Was?!« Jetzt war ich wach.

»Ja, Mama«, sprang ihm die Tochter bei, »James Bond haben wir auch gesehen. Bei Familie X daheim. ›Goldfinger‹. Auf dem Beamer.«

»Himmel.«

»Und die Sache mit der Mondrakete«, ergänzte mein Sohn.

»›Moonraker‹?«, fragte ich unsicher.

»Genau.« Beide Kinder nickten.

Ich fasse nun die DVD-Hits der vergangenen Monate zusammen: drei Star-Wars-Folgen (»Mama, das Geballere gefiel mir besonders!« – mein Sohn), einmal Harry Potter (»Gar nicht so gruselig« – meine Tochter), zwei Vorstandskrokodile oder wie immer die heißen, zwei James Bond (»Kann man an goldener Haut wirklich sterben?« – Frage der Tochter; »Zu viel Geknutsche« – Kommentar des Sohnes).

Das Unglaubliche ist: Wir behaupten von uns als Eltern, auf den Medienkonsum unserer Kinder zu achten, und tun es auch. Trotzdem kommen wir kaum mehr hinterher. Was, frage ich mich, ist wohl in Familien los, in denen alles egal ist? Wo in jedem Zimmer ein Fernseher und ein DVD-Spieler stehen? Gar nicht auszudenken.

Hajo Schumacher

Einmal Erziehung Peking-Style, bitte!

Wir sind eine literarisch interessierte Familie. Wir kaufen jedes neue Fachbuch zu Erziehungsfragen und schaffen manchmal sogar das ganze Vorwort. Mehr brauchen wir meist auch nicht, um die Botschaft zu kapieren. Fasziniert von den revolutionären Erkenntnissen – Tyrannen, Glück, Disziplin, PEKiP, Burnout – setzen wir die Tipps umgehend in der Kinderarbeit um, mindestens zwei Wochen lang. Unsere Jungs haben den Umgang mit situativer Pädagogik gelernt, ihre Seelen sind gestählt in der Kunst der Flexibilität. Zwischen ein paar Ohrfeigen und einem einfühlsamen Gespräch liegt bisweilen nur ein Vorwort. Oder mal vier Tage ununterbrochenes Cello-Training.

Bald werden wir Exerzieren üben, wenn die Gattin des schwererziehbaren Sozialdemokraten Sarrazin mit ihrem Erstlingswerk kommt. Bis zum Erscheinen wissen wir dann vielleicht auch, ob wir lieber einen Olympiasieger, einen Philharmoniker (Solist natürlich) oder einen Nobelpreisträger heranzuzüchten gedenken. Am besten alles drei. Bis die Sarrazin-Methode publik ist, überbrücken wir die Zeit mit Amy Chua, einer Yale-Professorin mit chinesischer Grundhärte. Kinder muss man zum Siegen zwingen, sagt die selbst ernannte Tiger-Mutter. Qualität kommt von Qual. Sage ich ja schon lange. Unseren Kindern geht es viel zu gut. Widerworte werden ab sofort abgeschafft. Ab sofort vor dem Frühstück Liegestütze, bis die Finger bluten. Und bitte leise wimmern. Die Eltern wollen ausschlafen.

Wer als der Chinese könnte besser wissen, wie man kleine Krieger aufzieht? Fünftausend Jahre Weltmacht, das schaffen nicht mal die Guttenbergs. Unser Großer ist vom China-Trend noch nicht restlos überzeugt. Ein paar Aktenordner Extrahausaufgaben werden ihn von seinen Vorwitzigkeiten kurieren. Und dazu Strafestehen auf dem Balkon in Unterhose, mit Eselsmütze und einem Schild um den Hals: »Wir wollen Tiger sein, keine Ente.« Leider fehlen mir die Sanktionsmöglichkeiten, denn ein ziemlich durchtrainierter Sechzehnjähriger fürchtet sich nicht vor seinem Vater, sondern versucht es stattdessen mit Argumenten: »Hättet ihr früher mit so einem Kampftiger spielen wollen? Hättet ihr mit so einer Maschine Spaß auf einer Party gehabt? Hättet ihr mit dem in die Schule gehen, studieren, arbeiten wollen? Oder lieber als Chef?« Welch eine bösartige Frage; das hat er von seiner Mutter. Es geht um die Weltherrschaft. Und unser humanistisch verdorbener Sohn kommt mit Sentimentalitäten wie sozialer Kompetenz und Teamfähigkeit. Erfolg macht doch von ganz allein sympathisch. Und wenn man ohnehin nicht zum Kindergeburtstag darf wie die Chua-Kinder, braucht man auch kein Lächeln.

Die Chefin ist nicht sicher, ob wir unsere Erziehung tatsächlich auf Peking-Style umstellen sollen. Na gut, überspringen wir eben ein paar Erziehungsratgeber, bis es wieder lockerer wird.

Susanne Leinemann

Terror der Ego-Eltern

Es reicht! Wann kommt endlich ein Ratgeber für unerzogene Eltern auf den Markt? Titelvorschlag: »Eltern brauchen Grenzen!« Gedacht für Eltern mit der Platz-da!-jetzt-kommen-wir-Haltung und aufgeblasenem Ego. Ihr Nachwuchs hat immer Vorrang, bloß nicht zurückstecken. Dafür terrorisieren diese Ego-Eltern hemmungslos die Umwelt.

Ein Beispiel. Letztes Wochenende saßen mein Mann und ich in einem netten Café in Schöneberg. Draußen war Markt und das Café voll mit tafelnden Frühstücksgästen. Wir waren an diesem Morgen kinderlos, unsere beiden Kids übernachteten bei den Großeltern, also genossen wir die Ruhe und lasen Zeitung. Der Tisch neben uns wurde frei, und schon drängte eine Familie mit kleinem Sohn heran – Oma, Papa, Mama und der vermutlich Sechsjährige.

Der Blick der Mutter, der mich traf, war gleich eine Ansage: »Achtung, Achtung! Wir kommen mit Kind. Egal, was passiert: Wehe, du regst dich auf.« Ich lächelte die Frau an. Hey, ich bin Kinderkolumnistin. Ich habe nichts gegen Kinder. Keine Reaktion, der Blick blieb eisig. Der Junge quetschte sich auf die Bank neben mich, denn in dem Café ist es wahnsinnig eng, und bestellte eine heiße Schokolade mit extra viel Schlagsahne. Ich wandte mich wieder meiner Zeitung zu.

Die Schlagsahne samt Kakao kamen, und der kleine Kerl verschlang die riesige Portion in einer rekordverdächtigen Zeit.

Eltern und Oma lachten. Wahrscheinlich fanden sie es unerträglich spießig, ihren Nachwuchs einfach mal zu bitten, etwas langsamer zu trinken. »Schling nicht so« – das klingt ja nach Fünfzigerjahre und Heinz Erhardt. Zwei Minuten später klagte der Junge: »Mir ist schlecht.« In der dritten Minute erbrach er Kakao und Schlagsahne in hohem Bogen.

Kann passieren. Meine Kinder haben in ihrem Leben schon alles Mögliche vollgekotzt – Taxis, Mietwagen, Flugzeuge, Matratzen, Wohnzimmerteppiche anderer Leute. Der Junge machte seine Sache auch gar nicht schlecht. Ich legte also mein Garnelensandwich zur Seite, auf das mir kurzfristig der Appetit vergangen war, und half dem Nachbartisch mit einer Serviette aus. Die wurde mir ohne Dank abgenommen. Hektik, dachte ich. Mutter und Sohn verschwanden auf der Toilette.

Zugegeben: Ich hatte eine Erwartung. Ich finde, wenn einem so ein Malheur passiert, bestellt man flugs die Rechnung, entschuldigt sich bei den Kellnern für die kleine Sauerei, lässt ein gutes Trinkgeld da und geht. Kein Problem.

Welch Fehleinschätzung! Gehen? Niemals! Statt die Rechnung zu ordern, holte die Oma der Familie einen weiteren Stapel Servietten und wischte in aller Seelenruhe ihre besudelte Tasche sauber – direkt neben mir, auf Nasenhöhe. Ich verabschiedete mich endgültig von meinem Garnelensandwich. Man bestellte ein neues Frühstück. Niemand aus der Familie sagte ein Wort zu uns – kein »blöd gelaufen, tut uns leid«. Nix.

Dann kam der Sohn zurück, immer noch kreidebleich, obwohl er schon einen kurzen Spaziergang an der Luft hinter sich hatte. Seine Mutter schob ihm den Teller rüber: »Willst du etwas von meinem Frühstück?« Der Junge griff zu.

Wir sind gegangen. Fassungslos.

Hajo Schumacher

Kassler mit Gummibärchen

Hans ist ernsthaft in Gefahr. Nein, nicht die Schweinegrippe. Viel schlimmer: Er hat Gemüseallergie. Er wird eines Tages an Vitaminmangel eingehen oder an Ballaststoffarmut. Täglich suchen wir nach Anzeichen von Auszehrung. Aber seine Zähne sind kerngesund, und die Haut ist weitaus rosiger als die seiner Grünzeug mümmelnden Eltern. Lügen all die Ernährungsratgeber womöglich? Birgt die Kombination von Kassler und Gummibärchen vielleicht eine bislang unentdeckte Quelle von Mineralstoffen und Spurenelementen?

Hans achtet strikt auf gemüsefreie Ernährung. Wie ein Metalldetektor durchforstet der Kleine jede Mahlzeit, gabelt auch das kleinste Stück Kartoffel auf, um zu prüfen, ob sich darunter nicht vielleicht doch ein Krümel Brokkoli versteckt hat. Na gut, Brokkoli-Abneigung kann man nachvollziehen, vor allem aus optischen Gründen. Andererseits schmeckt das Zeug objektiv nach gar nichts und hat eine kindgerecht heitere Farbe, jedenfalls dann, wenn die Büschel nicht länger als zwei Stunden zerkocht wurden.

Wenn man mal ehrlich ist, gehören auch Zucchini und Auberginen zu den überschätzten Gartenprodukten, vor allem, wenn sie zu matschigem Auflauf verarbeitet wurden oder stundenlang als Sticks im Tupper-Knast vor sich hin gammelten. Aber was ist mit Gurken? Großartiges Gewächs. Mit der Schale landen zwar die meisten Vitamine in der Biotonne, aber immerhin sieht die nackte Gurke kaum noch nach Gemüse aus.

Um Hans die Grünfrucht schmackhaft zu machen, schnitze ich seit Wochen künstlerisch anspruchsvolle Gurkenskulpturen, Männchen oder Schlangen, haha, mit einem Paprikaschnipsel als Zunge. Neulich habe ich mich sogar an einem Hubschrauber versucht. Hans ist begeistert und bohrt mit dem Messer vergnügt in der Gurke herum. Wenn er besonders hingebungsvoll sabbert, versuche ich ganz nebenbei, ihm ein mikroskopisch kleines Stück Gurke in den Mund zu schieben. Leider kennt der Bengel jeden Trick und spuckt das Gemüse gleich wieder aus. »Nur Babys spucken«, sage ich mahnend. »Nur Babys werden gefüttert«, entgegnet er. Gemüseabstinenz fördert offenbar die Bereitschaft zum Widerwort.

Seit Monaten saugen wir jede Studie auf, die besagt, dass Fleisch ein Stück Lebenskraft sei und gar nicht so giftig, wie in der Yoga-Gruppe behauptet wird. Hans ernährt sich praktisch ausschließlich von totem Tier. Meine einfühlsamen Hinweise auf gehäutete Kälbchen an Fleischerhaken lassen das Kind völlig kalt. Wenn er die Wahl hätte zwischen einem süßen Ferkel und einem Teewurstbrot, hätte kein Schwein eine Chance.

Vor lauter Verzweiflung haben wir begonnen, unsere Lebensmittel einfach umzudefinieren. Fruchtjoghurt gehört bei uns inzwischen genauso zu den Gemüsesorten wie Salami und Nudeln. Als Nächstes werden wir auch Nutella und Pommes in unsere Sammlung vitaminhaltiger Nahrungsmittel aufnehmen. So wird das Kind auch nicht gesünder ernährt. Aber die Eltern fühlen sich besser.

Susanne Leinemann

Die wahren Bestimmer

Mein Mann war eine Weile in Amerika, genau genommen im Mittleren Westen. Das hat Folgen. Denn er traf dort auf viele hilfsbereite Menschen, die von Herzen patriotisch sind und in deren Garten eine USA-Flagge weht. Schnell kam man ins Gespräch, tauschte E-Mail-Adressen aus.

Und seitdem sind wir im Verteiler. Wir bekommen nun regelmäßig Rundmails von netten Amis aus Dakota, Nebraska oder Texas: mal lustig, mal privat, mal politisch.

Kürzlich erreichte uns ein Filmchen über Burkas. Anlass war ein Rundmail-Aufruf. »SOS – Support our soldiers: Why are our troops in Afghanistan?« Die klassische »Warum«-Frage also. Beantwortet wurde sie durch das Filmchen – viele afghanische Frauen waren dort zu sehen, besser gesagt, sie waren nicht zu sehen, denn sie steckten unsichtbar unter diesen graublauen Burkas. Sogar, wenn sie ihre kleinen Kinder spielend auf dem Schoß hatten, blieben sie verhüllt; klar, es wurde ja gefilmt. Die Bilder waren eindringlich und verstörend. Die Botschaft war deutlich: Die US-Truppen müssen in Afghanistan bleiben, um den Frauen zu helfen, endlich unter diesen menschenunwürdigen Burkas hervortauchen zu können.

Unsere Kinder, die eh gern um den Computer herumschwirren, klebten am Bildschirm. Also erklärten wir »pur-+«-mäßig, was sie dort gerade zu sehen kriegten. Wo Afghanistan liegt, dass es verschiedene Religionen gibt, was genau eine Burka ist.

Die Kinder hörten aufmerksam zu – und der schon im Alltag kritische Blick unserer Tochter wurde noch kritischer.

»Aber wenn sich dort alle Frauen zusammentun«, argumentierte sie, »dann könnten die sich doch dagegen wehren.« Und ihre ganze Körperhaltung drückte bei diesen Worten aus: Unter diese Burka kriegt ihr mich nicht! Nie und nimmer!

Nun ja, erklärten wir, das Problem sei, dass meist die eigenen Väter, die Onkel, die Brüder das Burkatragen verlangten. Es sei unglaublich schwer für Frauen, sich gegen ihre Familie zu stellen. Aber selbst wenn eine Familie die freiheitsliebende Tochter unterstütze – in manchen Regionen Afghanistans könne man als Frau ohne Burka nicht ungefährdet das Haus verlassen. Auch unser Sohn ließ den Bildschirm nicht aus den Augen. Aber er schaute ganz anders hin als die Tochter. Irgendwann drehte er sich zu mir um: »Mama, wenn wir in Afghanistan leben würden, und du« – jetzt zeigte er auf mich – »müsstest die Burka tragen und du auch« – nun zeigte er auf seine Schwester –, »dann«, es entstand eine kurze Pause, und ein triumphierendes Grinsen erschien in seinem Gesicht, »wäre ich der Bestimmer und könnte euch sagen, was ihr tun müsst.«

Zwei Kinder, zwei Reaktionen – eigentlich war damit schon alles gesagt. Unser Sohn wurde danach von mir ordentlich durchgekitzelt. Nur damit noch mal klar wird, wer hier im Moment der wahre Bestimmer ist.

Hajo Schumacher

Mit Domestos gegen wilde Kerle

Wer Kinder hat, dem ist fast nichts peinlich. Manchmal sagt Hans im Kindergarten Sätze wie: »Du verdammter Vollpfosten, nun fahr doch endlich los!« Dann wissen wieder alle, wie es bei uns im Auto zugeht. Mir egal. Im Restaurant fuchtelt der Sohn immer dann mit den Armen, wenn Manolo mit dem Suppenteller hinter ihm auftaucht. Suppe auf der Jacke? Auch nicht schlimm. Das Ossobuco letztes Mal war schlimmer.

Der Gipfel der Peinlichkeit ist allerdings erreicht, wenn das Kind auf einer »Wilde Kerle«-Ausstattung besteht. Von der Socke bis zur Mütze, von der CD bis zur Ritalin-Packung – überall ist ein alberner Grinselöwe zu sehen, der ungefähr so wild ist wie ein Arschgeweih.

Die Wilden Kerle haben nichts zu tun mit der hübschen Geschichte von Maurice Sendak, sondern sind Fußballer aus einem ziemlich langweiligen Kinofilm. Stars sind die Sprösslinge des Ochsenknecht-Geschlechts, noch eine Spur mehr Weltstar als der Vater, vom Charisma her auf Augenhöhe mit Bill von Tokio Hotel und insofern perfekt vorbereitet auf ein Leben, das als cooler Kleiderständer beginnt und irgendwo zwischen Boris Becker, Oliver Pocher und Ralf Möller endet. Oder in der FDP. Wild sind allenfalls die unerfüllten Fantasien.

Die Ochsenknecht-Bengel sind mit den Filmen, jedes Jahr einer, gewachsen und inzwischen die Maschinisten einer spinnennetzartigen Vermarktungsmaschinerie. Und der kleine Hans zappelt wehrlos mittendrin. »Ich will auch Wilde Kerle ...«, sagt er, wenn er wieder irgendwo ein Sweatshirt mit dem Grinselöwen sieht. Es gehört zu den großen Widersprüchen der Postmoderne, dass ausgerechnet auf den langweiligsten Kindern der Republik ganz groß »Wilde Kerle« steht. Die dazugehörenden Mütter kleben sich übrigens gern Totenköpfe an, während der Vati einen total wilden Geländewagen auf der allmorgendlichen Abenteuerreise vom Carport durch den Stau bis in die Tiefgarage pilotiert. Und der Soundtrack kommt von Pur.

»Aber du bist doch total wild«, lobe ich unseren sehr individualistisch veranlagten Sohn, »viel, viel wilder als all die Zehlendorfer Nasskämmer.«

Hans will aber gar nicht wirklich wild sein, sondern einfach nur die Aufschrift auf dem T-Shirt haben. »Die Hemden sind hässlich«, erkläre ich. »Gar nicht«, sagt Hans. Egal: Solange der Bengel seine Füße unter meinem Tisch ausstreckt, kommt mir kein Wilder Kerl ins Haus.

Leider wusste unsere Hamburger Freundin Ursel nichts vom Wilde-Kerle-Boykott. Am vergangenen Wochenende kam sie zu Besuch und überreichte Hans ein kleines, weiches Paket. »Was zum Anziehen«, maulte der Sohn und riss gelangweilt am Papier herum. Plötzlich fetzte er in rasendem Tempo. »Wilde Kerle!«, brüllte er euphorisiert, »Wilde Kerle!« Na toll. Seit einer Woche weigert sich Hans nun schon, das T-Shirt auszuziehen. Entweder stecke ich ihn mit in die Waschmaschine, oder ich stehle das Leibchen heute Nacht. Könnte sein, dass ich ganz aus Versehen das Kochprogramm einstelle und mir, ups, ein Liter Domestos in die Trommel fällt.

Susanne Leinemann

Meine Kinder haben Mäuse in der Turnhalle

Unsere Kinder haben vier neue Mitglieder in ihrer Turngruppe. Sie sind klein und pelzig und unglaublich schnell. Sie schießen aus Löchern in der Garderobe und werden dann, begleitet vom Gekreische der Turnkinder, bis ins Treppenhaus verfolgt, wo sie in andere Löcher huschen. Manchmal betreten sie auch die Turnhalle, hocken dann still, aber vor Anspannung zitternd in einer Ecke und beobachten die Kinder an den Ringen oder beim Ballspielen.

Die Turnlehrerin hat uns Eltern gebeten, die Mäuse nicht einem Amt zu melden. Weil dann die Turnhalle auf Monate hin geschlossen würde. Die Hygienevorschriften sind theoretisch sehr streng. Praktisch allerdings ist es um die Hygiene in der Turnhalle unterirdisch bestellt. Die Garderoben sind total verdreckt, der Staub kugelt sich in Flummigröße unter den Bänken. Über die stinkenden Toiletten mag man gar nicht reden. Unser Sohn ist ja gerade erst trocken geworden. Ein Wunder, dass er beim Anblick dieser Aborte nicht wieder die Windel verlangt.

Nein, diese öffentliche Turnhalle, die morgens von Schulen und nachmittags von lokalen Sportvereinen benutzt wird, ist wirklich in keinem guten Zustand. Das Turngerät stammt aus meiner Kindheit, an den scharfen Kanten des Stufenbarrens kann man sich immer noch die Zehen absäbeln. Aber das Kinderturnen ist toll, die Kinder lieben es, die Turnlehrerin ist ungeheuer engagiert. Also gehen wir jede Woche wieder hin.

Genauso wie zum Musikunterricht. Musikalische Früherziehung, der zweite Nachmittagstermin meiner Tochter. Dafür fahren wir bis ins Westend, in eine ehemals gewiss schöne Villa, in der die Musikschule untergebracht ist. Man sieht dem Gebäude von außen an, wie prächtig es einmal war. Innen allerdings findet sich keine Spur der alten Pracht. Der Musikraum meiner Tochter liegt mehr oder weniger im Keller. Den Ort »Parterre« zu nennen wäre zu freundlich.

Jede Woche sitze ich mit meinem Sohn eine Stunde wartend dort unten herum. Man kann sich entscheiden, ob man auf Bänken hockt oder lieber vor den Toiletten auf zerschlissener Auslegeware campiert. Die Wände sind in deprimierenden Farben gestrichen – trauriggrau, verschlissenweiß, fahlgelb. Nirgendwo etwas Hübsches. Die Toiletten stehen denen in der Turnhalle in nichts nach, weder im Anblick noch im Geruch. Dafür gehen bei der Musikschule die Toilettentüren nicht richtig zu. Wer Pech hat, hat aus der Kabine freien Blick auf die wartenden Eltern davor.

Diese Musikschule legt sich jedes Mal auf mein Gemüt. Ich weiß, die Leitung trifft keine Schuld. Dies ist eine öffentliche Musikschule, genauso wie unsere Kinder in einer öffentlichen Turnhalle turnen. Für den Erhalt fehlt es schlicht an Geld. Deshalb meiden Eltern, die über das nötige Einkommen verfügen, lieber solche Orte. Geturnt wird im schicken Fitnessklub mit Kinderbetreuung. Musiziert wird in edlen Charlottenburger Altbauetagen. Da gibt es dann keine Mäuse, die Mütter warten mit einem Cappuccino in der Hand, und aus den Toiletten duftet es frisch. Die paradiesische Wohlstandsparallelwelt.

Im nächsten Wahlkampf, das ist sicher, werden sich die Parteien wieder überschlagen mit der Forderung nach mehr Kindergeld. Ein saarländischer SPD-Politiker sprach neulich von

400 Euro pro Kind. Toll! Wer bräuchte nicht mehr Geld? Allein in unserem Freundeskreis hätten vier Familien mit ihrem geringen Einkommen das Anrecht, ihre Kinder in eine Kinderspeisung wie Arche zu schicken. Alles intakte Akademikerfamilien mit einst begehrten, nun brotlosen Berufen wie Architekt, Historiker, Journalist, Archäologe, die ihren knallharten, chronischen Geldmangel erstaunlich souverän verwalten. Sicher, für die wäre mehr Kindergeld ein Glück.

Aber wer setzt sich für die Orte ein, in denen unsere Kinder groß werden, in denen man sie erzieht, in denen sie lernen und Spaß haben sollen? Turnhallen, Musikschulen, öffentliche Schulen – sie alle haben kein Wahlrecht. Kein Politiker ködert sie vor der Wahl. Und so rotten sie vor sich hin. Habe ich schon erzählt, wie viele Kinder im kommenden Schuljahr in der ersten Klasse meiner Tochter sind? Neunundzwanzig Kinder! Armes, reiches Deutschland.

Hajo Schumacher

Der lispelnde Patriot

Natürlich achten wir darauf, dass unsere Kinder gesund ernährt werden und ihre Freizeit sinnvoll gestalten. Um nicht in die Fänge der Großindustrie zu geraten, hatte ich vor Jahren sogar einen Holzklotz besorgt, um Legosteine daraus zu sägen, wegen Kreativität und Nachhaltigkeit. Hans guckte mich nur skeptisch an und ging runter zu Anna, die kistenweise echte Legos im Kinderzimmer hatte. Als er zurückkam, warteten bereits seine Dinkelnudeln auf ihn, mit Tofu-Tomaten-Soße. Hans wäre glatt wieder runter zu Anna geflohen, wenn wir die Wohnungstür nicht abgeschlossen hätten.

Weil gerade Fußball-WM ist, kommen unsere pädagogischen Prinzipien derzeit etwas zu kurz. Wir verdrücken halbgefrorene Pizza vor dem Fernseher, spülen mit Bier nach und binden mit Chips ab, die allerdings mit einem merkwürdigen Afrika-Aroma versehen sind, das weniger nach schwarzem Kontinent schmeckt als eher nach der schwarzen Seele von Lebensmittel-Chemikern.

Hans ist ein vorbildlicher Fußballfan. Er schiebt Ananas, Tomate und den verkohlten Toast zu einer erstklassigen deutschen Abendbrotsflagge zusammen. Außerdem wünscht er sich ein Trikot von »ßweini«. Es ist putzig, wenn Kinder, vorübergehend ihrer Schneidezähne beraubt, »ßebaßtian ßweinßteiger« sagen. »Meßut Ößil« ist auch nicht schlecht. Sein großer Bruder beömmelt sich, wenn er dem Kleinen Sätze aufgibt wie »Die

Schwester von Sebastian Schweinsteiger heißt Susanne Schweinsteiger«.

Die Familie deliriert also im WM-Fieber, hat allerdings ein Problem: Fünfjährige können zwar die Mannschaft fehlerfrei aufsagen, interessieren sich aber überhaupt nicht für Fußball. Kaum haben wir uns, nach der Nationalhymne, wieder hingesetzt, fängt der Bengel an zu quengeln, schlimmer als seine Mutter. »ßweini« sei fast nie am Ball, »Ößil« unsichtbar und ein Tor auch noch nicht gefallen. Dabei war noch nicht mal Anpfiff.

»Hol ihm doch die Legos«, befiehlt die Chefin. Ich schleppe die tonnenschwere Kiste ins Wohnzimmer und falle entkräftet ins Sofa. Das Spiel beginnt. Hans leert die Kiste lärmend auf den Fußboden. Ich starre auf den Fernseher. Hans wühlt in den Steinen mit einem Krach, der jede Vuvuzela übertönt. Ich starre auf den Fernseher. Hans heult, weil er auf einen »ßpitßen Legoßtein« getreten ist. Ich starre auf den Fernseher. Hans wirft wütend mit Legos Richtung Fernseher, weil niemand seine Verletzung behandelt. Ich drehe durch. »Halt endlich die Klappe«, sage ich bestimmt, aber in einem durchaus noch akzeptablen Ton, wie ich finde. Karl nickt zustimmend.

Die Chefin aber solidarisiert sich mit dem bühnenreif greinenden Knirps. »Brüll den Kleinen doch nicht so an«, giftet die Gattin. Ich schweige und genieße den kurzen Moment der Ruhe, bis Hans wieder in den Legos kramt, nach schwarzen, roten und gelben Steinen. Der Kleine ist ein lausiger Fußballgucker, aber immerhin ein wackerer Patriot.

Susanne Leinemann

Der Opa mit den Fußballrechten

Unser Sohn kann ein sensibler kleiner Kerl sein. Beispielsweise beim Thema Kartoffelbrei. Wenn ich ihn frage, welcher Kartoffelbrei ihm besser schmeckt – mein selbst gemachter oder der von Oma aus der Tüte –, dann legt er liebevoll seine kleine fünfjährige Hand auf meinen Arm.

»Mama«, sagt er dann, »ich antworte nur, wenn du mir versprichst, danach nicht traurig zu sein. Denn ich will dich nicht traurig machen.« Ja, er kann ein wahrer Müttertraum sein, wenn er anbietet, mir eine Einkaufstüte abzunehmen oder beim Tischdecken zu helfen.

Geht es allerdings um Fußball, dann ist er wie ausgewechselt. Inzwischen drehen sich 85 Prozent des Tages um Fußball. Zieht er morgens den Schlafanzug aus, wirft er die Hose im hohen Bogen in die Luft und kickt sie dann. Im Kindergarten hat er aus einer ehemals legoleidenschaftlichen Jungstruppe einen feurigen Elf-Freunde-Haufen gemacht. Kommt er abends nach Hause, will er nicht mehr KI.KA schauen, nur noch Eurosport. Und samstags ab 18.30 Uhr läuft bei uns gar nichts mehr – außer Sportschau.

Wirklich, gegen Fußball kommt bei ihm nichts an. Da kennt er keine Verwandten. Und das mit den Verwandten, das ist wörtlich gemeint.

Denn vor wenigen Tagen trafen wir einen alten Freund meines Vaters, der um die Ecke wohnt. Von der Fußballbegeisterung unseres Sohns hatte er schon gehört. Also lud er ihn großzügig ein. »Wenn du Lust hast«, sagte er zu meinem Sohn, »kommst du zum Spiel Schalke gegen Bayern zu uns. Das ist in zwei Wochen. Wir haben Sky.« Unser Sohn bekam große Augen. Sky, er weiß genau, was das ist. Das ist der Fernsehsender mit den ganzen Fußballrechten. Glücklich strahlte er den alten Freund meines Vaters an. Danach, auf dem Weg nach Hause, schwieg er eine Weile, ich merkte, es arbeitete in ihm. Schließlich erkundigte er sich: »Der Mann, den wir gerade getroffen haben, der mit Sky – kann ich den auch als Opa haben?« Die Nachricht, dass die Zahl der Opas natürlich begrenzt sei, »tut mir leid, zwei, nicht mehr«, traf ihn schwer.

Jetzt zählt er die Tage bis zum Spiel. Allerdings hat er ein großes Problem – er ist Bayern- und Schalke-Fan. Warum? Ganz einfach, bei Bayern spielen seine WM-Helden Müller, Schweinsteiger, Klose und Lahm. Und bei Schalke? Der geliebte Manuel Neuer. Ein tiefer Loyalitätskonflikt. Was tun? Er hat schließlich beide Trikots im Schrank. »Mama«, teilte er mir gestern mit, »ich mache es so – wenn ich dahin gehe, trage ich das Bayerntrikot. Schalke musst du mir auch einpacken. Sollte Schalke das erste Tor schießen, dann ziehe ich mich schnell um. Schießt Bayern das nächste, dann wechsele ich wieder. Und so weiter.« Das hat er tatsächlich gesagt – und so weiter.

Hoffen wir also, dass es bei Schalke gegen Bayern am Ende 7 : 8 steht. Oder 8 : 7. Egal, Hauptsache Tore. Dann wird der Nachmittag für alle unvergesslich.

Hajo Schumacher

Jagd auf den Predator

Natürlich braucht ein Fünfjähriger keine Fußballschuhe, vor allem nicht, wenn er eigentlich gar nicht Fußball spielen kann, sondern über den Ball stolpert. Wenn WM ist, wollen dummerweise alle Kinder Fußballschuhe, einfach so, als modisches Accessoire. Hans findet, der »Predator Powerserve« sei genau das richtige Modell für ihn. »Die hat Flori auch.« Flori, Flori ... – Flori aus dem Kindergarten hat immer alles als Erster: Handy, Playstation, Burn-out. »Nun geh doch mit dem Jungen ins Sportgeschäft«, quengelte die Chefin, die einen ruhigen Nachmittag auf dem Balkon verbringen wollte. Na gut. Weil WM ist, aber gerade kein Spiel. Auf nach Poldistan.

Mit dem Instinkt des Preisfuchses steuerte ich das Schnäppchenregal an. »Das ist kein Predator«, protestierte Hans. »Nur mal anprobieren«, flehte ich. Neben uns dribbelte ein Furzknoten mit dem Ball eng am Fuß durch Hocker, Schuhkartons und um Hans herum, der auf den Stollen wackelte. »Ich will einen Predator!«, maulte Hans. Mindestens drei Väter blickten von den künftigen Millionenfüßen ihrer Söhne auf. Eisige Blicke: Das ist also der Kerl, der seinem Sohn keinen Predator gönnt, aber selbst immer teuren Rotwein säuft. Ja, hätte ich am liebsten erwidert, genau der bin ich. Aber ich traute mich nicht.

Karl hatte einen Predator gefunden und übergestreift. »Super«, sagte er. Ich spähte auf das Preisschild. Der blanke Irrsinn. Fast 200 Euro für Schuhe, die dreimal getragen werden und dann zu klein sind. Hans versuchte, einen Ball unter meinem Hocker mit dem Fuß hervorzuangeln. Vergeblich. Tolle Fußballschuhe. Hans nahm die Hände, warf den Ball leicht in die Luft und donnerte das Leder in ein Poster, auf dem Lukas Podolski zu sehen war. Der Junge sah nicht so aus, als wolle er die Schuhe jemals wieder ausziehen.

Das Unheil nahte in Gestalt eines Fachverkäufers. Sein Namenschild wies ihn als »Arne« aus. Er hatte Hansens Querschläger begutachtet. »Tolle Technik«, log der Kerl und drückte ungefragt am Predator herum. »Sitzt optimal.« Ich drückte auch und guckte schon aus Prinzip skeptisch. »Willst du die haben?«, fragte er Hans. Der Kleine nickte. Ich holte Luft, aber Arne kam mir zuvor: »Das ist doch ein toller Papa, wenn er dir solche tollen Schuhe spendiert.« Er schnappte den Karton und geleitete mich mit freundschaftlichem Druck auf die Schulter zur Kasse. Die Blicke der anderen Väter bohrten sich in meinen Rücken. Jetzt keine Schwäche zeigen. »Sonst habt ihr alles?«, fragte der tückische Arne meinen wehrlosen Sohn. Hans guckte fragend. »Klar«, warf ich ein, aber es war zu spät: »Schienbeinschoner, Stutzen, Hemd, Hose?«, zählte Arne auf. Hans guckte mich flehentlich an: »Oooch bitte, Papa …«

Eine knappe Stunde später kehrten wir mit zwei Tüten voller Fußballplunder heim. Von dem Geld hätten wir früher einen guten Gebrauchtwagen erstanden. Die Chefin fiel fast in Ohnmacht: »Bist du wahnsinnig?« Mir blieb nur die Wahrheit: »Ja, Schatz.«

Susanne Leinemann

Und plötzlich stand die Polizei vor der Tür

Morgens, kurz vor zehn, klingelte es energisch an unserer Haustür. Mein Mann ging halb verwundert, halb verärgert zur Gegensprechanlage. Ob Post oder Werbung – sonst wird eher zaghaft bei uns angeklingelt. »Ja, bitte?«, fragte er streng ins Mikrofon. Die Antwort, die uns aus dem Kasten entgegenbellte, löste bei uns Erwachsenen Stirnrunzeln, bei den Kindern helle Freude aus: »Hier ist die Polizei. Öffnen Sie bitte die Haustür!«

Unsere Tochter jauchzte. Unser Sohn strahlte über beide Backen. Wir kriegten Besuch von der Polizei! Was für ein tolles Erlebnis.

Die Zeiten haben sich ja geändert, was die Wertschätzung spontanen Polizeibesuchs angeht und überhaupt. Als ich so alt war wie meine Tochter heute, lebte ich mit meinen Eltern in den USA, in Washington D.C. Es waren die frühen Siebzigerjahre, Nixon war Präsident, der Vietnamkrieg tobte, und ich wunderte mich, warum so viele Leute den Mercedesstern um den Hals trugen. Erst Jahre später wurde mir klar, dass es das Peace-Zeichen war.

Meine Eltern also, die sich ein wenig schämten, dass sie zu alt für Rudi Dutschke und den ganzen 68er-Kram gewesen waren, lebten nun in den frühen Siebzigern ihre gutbürgerlichen Hippie-Fantasien aus. Wir zogen in ein sehr schwarzes Viertel gleich hinter dem Kapitol, in dem es eine einzige Straße gab, die ausschließlich von Weißen bewohnt war. Natürlich von linksliberalen Weißen. Neben uns wohnte ein schwules Galeristenpaar, gegenüber ein engagierter Historiker, der sich für die Rechte der Indianer einsetzte. Er hatte sieben langhaarige Kinder, und jedes dieser Kids war irgendwann mal mein Babysitter. Was übrigens meine frühkindliche exzessive Fernsehprägung erklärt. Sobald die Eltern raus waren, war das Gerät an.

Obwohl wir nur wenige Straßen vom Hauptsitz der US-Regierung entfernt wohnten, war die Kriminalität hoch. In unserer Straße der Wohlhabenden wurde regelmäßig eingebrochen. Systematisch kam ein Haus nach dem anderen dran. War das Ende der einen Straßenseite erreicht, ging es gegenüber weiter. Nach der ersten Runde Einbrüche folgte die zweite und die dritte Runde. Meine Eltern rüsteten auf. Am Ende hatten wir fünf Schlösser an der Haustür. Plus eine scharfe Alarmanlage.

In dieser irren, leicht bedrohlichen Atmosphäre stand ich eines Tages an der Hand meines Vaters an einer Straßenecke in besagtem Viertel. Ein kleines, sehr blondes Mädchen mit langen Zöpfen in einem hübschen Kleid. Um uns herum flanierten die üblichen Shaft-Typen. Bei den schwarzen Männern war damals ein riesiger Afro in Mode, in dessen Gipfel ein breitzinkiger Plastikkamm steckte. Manchmal trugen diese Männer auch große Kofferradios auf der Schulter, aus denen Funk dröhnte.

Ich stand da also Hand in Hand mit meinem Vater, und plötzlich bog ein Polizeiwagen um die Ecke. Und was sagte ich Fünfjährige zu meinem Vater? »There come the fucking pigs« – da kommen die Scheißbullen.

Nie, nie würden meine Kinder dergleichen sagen. Erstens kennen sie den Ausdruck »Bullen« überhaupt nicht. Das ist nicht mehr Zeitgeist. Zweitens lieben heutige Kinder die Polizei. Meine Tochter will Polizistin werden. Mit dem Kindergarten hat sie die örtliche Polizeiwache besucht. Das hat sie sehr beeindruckt. Besonders die Zelle – jedes Kind durfte sich auf die Pritsche legen. Seitdem sagt sie: »Die Räuber müssen auf einem ganz harten Bett schlafen.«

Gut und Böse, das ist wieder klar verteilt.

Der Polizist also, der an diesem Morgen, nachdem er Sturm geklingelt hatte, vor uns stand, war ein älterer, grummeliger Herr mit Schnauzer und drei Sternen auf der Schulter. Es stellte sich heraus, dass unser Nachbar, der gerade im Urlaub ist, sein Auto dort geparkt hatte, wo nun Dreharbeiten stattfinden sollten. Ob wir irgendwie an den Autoschlüssel herankämen, um das Auto umzuparken? Sonst würde es für unseren Nachbarn teuer werden.

Nach einigem Hin und Her im Haus, der Polizist musste runter und wieder hoch, klappte es.

Der Sterne-Polizist würdigte unsere Kinder keines Blickes. Egal. Sie folgten ihm durchs ganze Treppenhaus. Ihnen war ein Held erschienen.

Hajo Schumacher

Die Mauer muss weg

Kulturell hat Hans für sein Alter schon ganz schön viel mitgemacht. Kleine Italiener, Russen und sogar Bayern haben ihn auf ihren Kindergeburtstagen mit merkwürdigen Ritualen, Gesängen und Bräuchen verblüfft. Aber der heftigste Kulturschock traf unseren Sohn Anfang August am Strand von Wangerooge: Wer mit den Regeln des Kleingartens nicht vertraut ist, dem erscheint das deutsche Strandburgwesen so rätselhaft wie Voodoo. Denn hinter dem maliziösen Lächeln der Burgherren, das urlaubsmäßige Lockerheit signalisiert, verbirgt sich der von zu Hause mitgebrachte Ordnungswahn.

Bislang dachte Hans, dass Sandhaufen zum Wegschippen da sind – das galt aber leider nicht in der Kolonie Werder, in der wir unglücklicherweise einen Strandkorb zugewiesen bekamen. »Die Berliner sind ja locker drauf«, hatte Nils vom Strandkorbverleih gesagt, »die können sogar mit Bremern.« Interessant, dass wir hier als eine Art Strandstreetworker tätig sein sollten. Deswegen dachte Nils wohl, er könne uns den einzigen Strandkorb zuweisen, der nicht in einer eigenen kunstvollen Befestigungsanlage gelegen war, sondern einfach so im Sand, umgeben allerdings vom perfekt instand gehaltenen Mauerwerk der anderen. Wir fühlten uns sofort wie früher in Berlin und überlegten schon, wie Graffiti auf Sand wohl hielten.

Dass wir die Schande des Strandes waren, spürten wir bereits morgens um halb neun, als wir einen ersten Blick aufs Meer werfen wollten. O Schreck. Brigaden Bremer Frührentner waren mit Gießkannen, Schippen und Maurerkellen anmarschiert, um den Westwall nicht nur zu erhöhen, sondern auch nach DIN-Norm zu glätten. Eine gute Stunde später war das Werk vollbracht, und Mutti packte die Stullen aus, die sie beim Frühstück auf Vorrat geschmiert hatte. Nette Leute, wirklich, vor allem so ordentlich, wie sie ihren Strandkorb viermal pro Stunde abfegten, immer um fünf vor Viertel. Hätte der Strandkorb ein Fenster, hätten sie den ganzen Tag dort auf dem Kissen zugebracht.

Nur als Nachbarn sind Bremer Pensionäre denkbar ungeeignet für eine Berliner Familie, deren Strandburg-Philosophie eher eine Kreuzberger ist – man schaut erst mal tatenlos zu, wie Wind und Trampeltiere den Sand ringsum verteilen, um dann nichts zu tun. Hans ist natürlich fasziniert von der erstklassigen Maurerarbeit und will wissen, ob der Wall so stabil ist, wie er aussieht. Viel zu spät bekommen wir mit, dass er die Bremer Wand mit seinem Schaufelstiel bereits mehrfach durchlöchert hat. Vorwurfsvoller Blick von Osten – auch das sind wir von zu Hause gewohnt. Grimmig lächelt Herr Nachbar und schleppt wortlos eine Gießkanne voll Nordseewasser herbei, um die Reparaturarbeiten auszuführen. Hans beneidet ihn um Kelle und Schaufel, die garantiert aus dem Baumarkt vom Festland stammen und nicht aus dem örtlichen Buddelbedarf.

Das Kind muss dringend Verantwortung lernen für die eigenen Untaten, weswegen wir ihn gewähren lassen, als er sich die nächste Mauer vornimmt. Am nächsten Morgen waren die Bremer verschwunden; sie hatten sich einen anderen Korb gesucht. Unser Hans ist einfach klasse.

Susanne Leinemann

Eins, zwei, drei – Gehorsam!

Die Urlaubszeit ist eine lehrreiche Zeit. Man kann die neuen, die angesagten Trends in der Kindererziehung beobachten. Natürlich nicht bei sich selbst, sondern bei anderen Eltern samt Kindern, die den Urlaubsort bevölkern.

Mein Tipp für dieses Jahr: das Anzählen.

Wir waren in einem netten kleinen Landhotel in Brandenburg, viel Platz für Kinder zum Spielen, Ponys, Esel und Schafe können gefüttert werden. Unser Sohn fand sekundenschnell Freunde zum Fußballspielen, unsere Tochter die Tischtennisplatte, die Kinder – unsere und andere – waren selig. Und ein bisschen undiszipliniert. Zu undiszipliniert für manche Eltern.

Jonas beispielsweise. Jonas wollte nicht zum Essen bleiben. Er hatte kurz im Restaurant vorbeigeschaut – man saß im Grünen mit Blick auf den Spielplatz –, hatte fünf, sechs Happen verschlungen, nun wollte er wieder zu seinen Landhotel-Freunden. Die Eltern dagegen, man ist ja auf einem früheren Gutshof, bestanden auf tadellosen Tischmanieren. Aufgestanden wird erst, wenn der Letzte das Besteck beiseitegelegt hat. Doch Jonas scherte sich nicht darum und rannte los.

»Jonas, fünf!« Die zornige Stimme seiner Mutter ließ uns alle vom Teller aufblicken. »Vier!« Jonas stoppte ruckartig. Was nicht leicht war, er befand sich gerade in steiler Hanglage. »Jonas, drei!« Na, jetzt wird es ernst, dachte ich. Tatsächlich. Er drehte sich langsam um. Die Mutter kannte keine Milde. Der

Countdown lief. »Zwei!« Wütend funkelte Jonas seine Mutter an. Drei oder vier Jahre alt war er. Klein, aber oho. Kein Schritt zurück zum Elterntisch. »Jonas!«, sprach die Mama – und kam drohend zum Punkt: »Eins!« Vor lauter Aufregung, diesen Machtkampf bis zum Ende ausgereizt zu haben, verlor Jonas plötzlich das Gleichgewicht, ruderte heftig mit den Armen und kullerte rücklings den Hang hinunter. Dann lag er weinend unten, die Mutter rannte erschrocken hinterher, das schöne gemeinsame Abendessen war zu Ende. Toller Erziehungserfolg!

Jonas war nicht der Einzige, der in diesem Eltern-Kind-Hotel angezählt wurde. Karl, Paul, Leo, Lotte – alle kriegten in drohendem Ton den Countdown ihres Betragens zu hören, sobald sie sich auch nur ein bisschen renitent benahmen. Nicht dressiert eben. Man könnte auch sagen, normal.

Beim Anzählen gibt es verschiedene Techniken. Entweder wie beim Start des Space Shuttle: Jonas: fünf – vier – drei – zwei – eins! Aufregend, weil das dicke Ende im Sekundentakt naht. Oder – andersherum – das Kind aufsteigend anzählen: »Mia: eins! Mia: zwei! Mia: drei!« Das Kind weiß dann schon, dass bei drei Schluss ist. Und nicht bei 83 oder bei 362. Die Frage ist, was würde passieren, wenn die magische Zahl erreicht ist und das Kind nicht gehorcht? Wir haben das nie erfahren. Was dann kommt, muss schrecklich sein. Alle Kinder kuschten kurz davor. Nur Jonas nicht. Der hatte unfreiwillig die Rolle rückwärts am Steilhang gelernt. Strafe genug.

Hajo Schumacher

Wenn Piraten ihre Koffer packen

Wir sind eine bescheidene Familie. Wann immer wir auf Reisen gehen, wollen wir nur Handgepäck mitnehmen. Was braucht man schon? Ersatzklamotten, Zahnbürste, fertig. Zum Lesen kommt der derangierte Familienvorstand ebenso wenig wie zu sportlichem Treiben.

Für die Herbstferien haben wir eine kleine Seereise geplant, alle zusammen, mit wenigen Fluchtmöglichkeiten, um den häuslichen Frieden wenigstens außer Haus zu pflegen. Dummerweise kommt der Chefin Berufliches dazwischen. Und der Große hat ganz vergessen, dass ein lebenswichtiges Sportturnier ansteht. So wird aus einer Familienreise ein Vater-Sohn-Trip, dem beide Teilnehmer mit Skepsis entgegensehen.

Denn gerade Schiffsreisen machen brutal klar, wie unterschiedlich die Interessen von Fünf- und fast Fünfzigjährigen verteilt sind. Der ausgelaugte Vater will den Tag im Liegestuhl verbringen, die Gedanken schweifen und den Blick verstohlen kreisen lassen. Gut erholt würde der Patriarch am Abend in den guten, alten, wenn auch leicht kneifenden John-Travolta-Anzug springen und nach Genuss eines kostengünstigen Schirmchengetränks mit einem lässigen Propellerschwung des ehemals muskulösen Arms das Parkett leer fegen. Ausdruckstanz sollte olympische Disziplin werden.

Der Kleine dagegen stellt sich den Tagesablauf etwas anders vor. Er würde die Kinderbetreuung boykottieren und seinen entkräfteten Erzeuger ab 5:45 Uhr zu immer neuen Piratenabenteuern treiben. Abends gäbe es kein Entkommen. Hans reißt einfach die Augen auf und bleibt so lange wach, bis der alte Herr endlich eingeschlafen ist. Dafür versucht er am nächsten Morgen um kurz vor sechs, mir eine Augenklappe überzustreifen. Nach einem solchen Urlaub wäre ich reif für eine vierwöchige Kur.

Die Chefin wiederum hatte die freien Tage in Berlin vorsorglich mit allerlei netten Terminen gefüllt: Partys, Kinobesuche und Wellness. Mit tränenerstickter Stimme tat sie zugleich immer mal wieder kund, wie sehr sie ihre beiden Männer vermissen würde.

Gab es auch gute Nachrichten? Zumindest eine. Zwei ökologisch verantwortungsbewusste Männer wie wir, die im Urlaub Socken nicht wechseln, bevor sie aus eigener Kraft stehen, können mühelos mit Handgepäck reisen. Das spart Zeit am Flughafen. Dummerweise hatte Hans beschlossen, sein gesamtes Waffenarsenal mitzunehmen: die Kontrabass-große Star-Wars-Knarre, den Flitzebogen, den selbst gezimmerten Schild und einen Enterhaken, den sich das kreative Kind unlängst aus einem Kleiderbügel zurechtgebogen hatte, ohne hinterher zu verbluten. Zusammen mit den beiden Piratenkostümen und vier Fachbüchern zum Thema sachgerechtes Kapern war unser Handgepäcksrucksack prallvoll. In stillem Leid holte ich den Schrankkoffer vom Speicher. Darin war wenigstens noch Platz für die Legos, die Hans vergessen hatte. Die Chefin grinste. Ein bezaubernder Urlaub konnte beginnen.

Susanne Leinemann

Verdammt, ich will Urlaub!

Die Kinder brauchen Urlaub. Dringend. Sie sind durch mit Schule und Kindergarten. Morgens mault meine Tochter jetzt schlaftrunken im Bett: »Mama, muss ich wirklich zur Schule? Ich habe keine Lust.« Das hat sie das ganze Jahr über nicht getan. Eigentlich geht sie gern zur Schule, die erste Klasse war ein voller Erfolg – sie kann lesen, schreiben, sogar rechnen. Unser Sohn geht eigentlich auch gern in den Kindergarten. Aber inzwischen verwickelt er mich täglich ab kurz nach 6 Uhr in Diskussionen: »Kannst du mich heute früher abholen? Kann ich Mittagskind sein? Ich habe Bauchschmerzen, kann ich zu Hause bleiben?« Ich liege hundemüde da und antworte immer nur mechanisch: »Nein, nein, nein. Aber bald sind Ferien.«

Diese Jammerei jeden Morgen, die ewigen Verhandlungen (»Mama, jetzt tun meine Beine weh. Darf ich Fernsehen gucken? Weil ich krank bin.« – »Nein!«) streuen Sand in unser morgendliches Getriebe. Es läuft von Tag zu Tag zäher, langsamer. Aber um 8 Uhr ist Schulbeginn, spätestens mit der Glocke muss unsere Tochter ins Gebäude flitzen. Diese Woche war es meist knapp. Am Donnerstag fiel mir um 7.45 Uhr ein, dass ich vergessen hatte, Brote zu schmieren. Für die Schokocroissants vom Bäcker war es schon zu spät. Also schnell das Brotmesser und die Butter raus.

Die Kinder nutzten die Verzögerung kreativ. Sie spielten im Treppenhaus weiter. Meine Tochter rutschte pfeifend das Treppengeländer hinunter, während mein Sohn sie johlend begleitete. Es war 7.47 Uhr, ich rauschte, das Brötchen in der Hand, zur Haustür hinaus. »Seid bitte leise! Unsere Nachbarn schlafen noch.«

Zurück in die Küche, zack, die Lieblingswurst aus dem Kühlschrank. Draußen ging das Gepfeife und Gejohle weiter. 7.48 Uhr, manche Leute drehen sich jetzt noch mal im Bett um. Also zweite Ermahnung, diesmal schärfer: »Kommt sofort rein und wartet, bis ich mit den Broten fertig bin!« Niemand reagierte auf mich. Meine Tochter blieb jetzt, weil sie einen sommerlichen Rock trug, auf dem Geländer hängen. Begeistertes Aufkreischen der beiden. Das war zu viel. Wie eine Furie stürzte ich raus, schnappte meinen Sohn am Arm und zog ihn in unsere Wohnung. Meine Tochter kam erschrocken hinterher. Die Tür ging zu, ich verschwand wieder in der Küche. Die Kinder blieben in der Diele zurück.

In Ruhe schmierte ich die Brötchen zu Ende. Es war 7.50 Uhr, noch konnten wir es schaffen. Aber warum hörte ich nichts mehr, warum war es so still in der Diele?

Als ich um die Ecke bog, wusste ich es. Nicht unsere Kinder standen dort, sondern Hänsel und Gretel. Die beiden klammerten sich fest aneinander. Die ältere Schwester hatte schützend ihre Arme um den kleinen Bruder gelegt, der sich ganz eng an sie gekuschelt hatte. Und was sich hinter ihnen auftat, war nicht die Tür zum Esszimmer, sondern ein großer, dunkler Wald. Beide sahen mich vorwurfsvoll an. Auch meine Rolle war klar: Ich war die hundsgemeine, bitterböse Stiefmutter. Der Anblick zerriss mir das Herz. Gott, sind die beiden gut. Lange halte ich das nicht mehr aus. Verdammt, ich will Urlaub!

Hajo Schumacher

Zwei Männer auf Reisen

Bis zuletzt versuchte ich, mit kunstvollen Hustern den Abbruch unseres Vater-Sohn-Urlaubs heraufzubeschwören. Doch eiskalt lieferte uns die Chefin in Tegel ab. Sie wartete sogar bis zum Abflug, wahrscheinlich um sicherzugehen, dass wir wirklich verschwunden waren. Die Rechnung fürs Übergepäck war stolz, weil Hans sein gesamtes Kinderzimmer in die Taschen geschmuggelt hatte, inklusive aller Bücher. Meine Bandscheibe weinte.

Überraschenderweise waren wir durch die Sicherheitskontrolle gekommen, obwohl Hans sich in das Wort »Taliban« verliebt hatte, das ihm sein großer Bruder beigebracht hatte: »Come Mister Taliban, Taliban Banana«, sang er. Gut, dass Harry Belafonte nicht zuhörte. Der Große brachte dem Kleinen unentwegt Worte bei wie »Risikostrukturausgleich« oder »Desoxyribonukleinsäure«, was nicht bei allen Kita-Eltern auf Begeisterung stieß, weil es verdächtig nach heimlichem Nobelpreis-Training roch.

Nach dem Start sah ich tief unten auf dem Tegeler See einen Ausflugsdampfer. So ein beschaulicher Tagestrip hätte mir völlig gereicht. Aber es musste ja gleich eine ganze Seereise sein, auf der Vater und Sohn zusammenfinden sollten. Die Chefin hatte in einer Frauenzeitschrift gelesen, wie wichtig in diesem Alter die Nähe zum Erzeuger sei. In Männerzeitschriften ist davon nie zu lesen. Immerhin: Die mitreisenden Frauen spendierten anerkennende Blicke. Im Bus zum Flugzeug wollte eine ältere Dame sogar für mich aufstehen. Als alleinerziehend reisender Mann genießt man den Status eines schwerst Gehandicapten. Völlig zu Recht. Denn kaum hatten die Wolken den Blick auf den Ausflugsdampfer verhangen, jammerte Hans: »Meine Ohren …« Der Druckausgleich. »Schlucken!«, befahl der reiseerfahrene Vater. Hans wimmerte: »Was denn schlucken?« »Na, Spucke«, erklärte ich. »Hab' keine«, jammerte Karl.

Schmatzend ahmte ich einen Weintester nach, um Hans vorzumachen, wie man Speichel im Mund sammelt. Sprechen fiel deutlich schwerer. »Ganf einfach, fiefst du«, sabberte ich. Die ersten Mitreisenden guckten. Offenbar Kinderfeinde. Hans wimmerte lauter: »Auuu.« Was hätte seine Mutter gemacht? Klare Sache: menschliche Nähe. Ich umarmte das Kind. Aber Hans stieß mich weg: »Du kratzt! Und du riechst komisch. Und meine Ohren tun weh.« Na gut, ich hatte die Rasur vergessen. Aber die Spaghetti Aglio Olio von gestern Abend durften eigentlich nicht mehr müffeln. »Auuu«, jaulte Hans unverdrossen weiter.

Aus der Reihe vor uns kam eine Hand mit Bonbon über die Lehne: »Hier, mein Kleiner.« Ich verstand die versteckte Botschaft dieser Frau sofort: Dein nutzloser Vater kennt nicht einmal die erste Grundregel für Reisen mit Kindern – immer Bonbons in der Tasche. Solche miesen Korruptionstricks haben wir Männer eigentlich nicht nötig. Aber immerhin war Hans still. Sein Urlaub konnte beginnen.

Susanne Leinemann

Zwei Tage ohne Kinder sind einfach viel zu schön

Wir waren kinderlos! Ein ganzes Wochenende lang. Die Oma hatte die Kinder genommen (danke, danke, danke). Wir hatten beschlossen, diesmal einfach zu Hause zu bleiben. Kein Kurztrip nach St. Petersburg, kein Ausflug in die Wellness-Oase am See in Mecklenburg.

Nein, Wilmersdorf. Unsere Gegend. Unsere Wohnung. Das war die beste Entscheidung seit Langem. Wir hatten die Kinder am Nachmittag gerade bei der Oma abgesetzt, da verschwanden als Erstes die beiden Kindersitze von der Rückbank in den Kofferraum. Plötzlich hatten wir ein richtig erwachsenes Auto. Danach ging es zur Autowäsche. Kennen Sie diese Waschboxen neben den Waschstraßen, in denen man individuell das Auto abbrausen kann? Die sind eine Leidenschaft meines Mannes. Man kann meine Liebe zu meinem Ehemann daran ermessen, dass ich ihn inzwischen ohne Spott zu diesen Waschboxen begleite.

Als wir in die Waschbox Nr. 9 einfuhren, steckten die Kinder noch in jeder Autoritze. Im warmen Seifenwasser verschwanden nun die Patschehändchenspuren unseres Sohnes vom Autofenster. Danach kam der Hochleistungssauger zum Einsatz. Er saugte, schwuppdiwupp, alles weg – mumifizierte Gummibärchen, Schlammfußspuren, einen lange verschollenen Flummi, Playmobildetails, Krümel, Äste, Maoam-Papier und irgendetwas, das klackerte. Keine Ahnung, was das war.

Als erwachsene Menschen in einem noch erwachseneren Auto verließen wir die Waschanlage. Immer wieder, auch in voller Fahrt, drehte sich mein Mann um und rief: »Diese Rückbank! Sieh doch, was für eine schöne Rückbank wir haben.« Wir hatten unsere Rückbank seit dem Kauf des Autos vor einem Jahr nicht mehr gesehen. Sie ist immer unter einer scheußlichen Schmuddeldecke verborgen. Wir gingen in unser Lieblingscafé. Ich trank nachmittags einen Weißwein, einfach so. Im Anschluss ging es nach Hause. Mein Mann und ich mussten beide an diesem Tag noch arbeiten, sprich: schreiben.

Die Stille unserer Wohnung machte uns fassungslos. Wir öffneten alle Fenster. Die Sonne schien. Vögel sangen. Es war die Stille von Martin Heideggers Hütte in Todtnauberg. Die Stille um Bertolt Brecht, wenn er von seiner Villa in Buckow aufs Wasser schaute. In so einer Stille schreibt sich Großes wie von selbst. Hätte ich immer so eine Stille, ich wäre längst eine zweite ... – schon gut, ich kriege mich wieder ein.

Mein Mann kriegte sich nicht so schnell ein. »Diese Stille! Hörst du diese Stille?!« Noch mehrmals an diesem zauberhaften Tag hörte ich seinen Freudenschrei aus dem Wohnzimmer, wohin er sich zurückgezogen hatte. Ich schrieb im Esszimmer. Wir hatten plötzlich so viele Zimmer. Als wir genug geschrieben hatten, klappten wir die Laptops zu und fuhren zu unserem Lieblingsitaliener nach Kreuzberg. Wir waren so weit, die Fenster herunterzukurbeln und den Arm heraushängen zu lassen, so frei fühlten wir uns. Mein Mann gab an einer roten Ampel Gas und ließ ein achtzehnjähriges Pickelgesicht in seinem vom Papa geliehenen BMW stehen. Es wurde ein wirklich netter Abend.

Am Morgen beim Frühstück wollte niemand von unserem Ei abhaben. Unsere Kinder haben nämlich eine ganz blöde Frühstücksei-Masche drauf. Fragt man sie vorher, ob sie eines möchten, weisen sie das weit von sich. »Ich? Ein Ei? Nein!!« Steht das Ei aber gerührt oder gekocht auf dem Tisch, heißt es: »Krieg' ich bitte was von deinem Ei?« Oder in der Sprache unseres kleinen Sohnes: »Mehr Ei haben!« Jetzt hatten wir unser Ei ganz für uns und lasen dabei in Ruhe die Zeitung. Wir mussten keinen Streit schlichten, keine Tattoos mit dem nassen Waschlappen auf einen Kinderarm kleben, nicht die »Sängerkrieg-der-Heidehasen«-CD einlegen, nichts vorlesen. Himmlisch. Der zweite Tag verlief genauso harmonisch wie der erste.

Dann kam die zweite Nacht. Ich konnte nicht schlafen. Irgendwann legte ich mich ins Bett meiner Tochter und las ein Buch. Um vier Uhr morgens – ich schwöre es, die Uhrzeit stimmt – trafen mein Mann und ich uns zufällig in der Küche: »Ich kann nicht schlafen«, sagte mein Mann.

»Ich auch nicht«, antwortete ich.

»Ich glaube, ich vermisse die Kinder«, sagte mein Mann. Ich musste nicken.

Hajo Schumacher

Afrikanische Träume

Wir sind eine moderne Familie. Getrennter Urlaub wird von der Chefin als bereichernd empfunden, solange der Vater den Kleinen übernimmt. Zur Schiffsreise im Mittelmeer ließ sich Hans vor allem bewegen, weil wir Afrika anlaufen würden. Ein Vorschulkind denkt an Löwen und Elefanten und stolze Bantu, wenn es Afrika hört. Womöglich kommt sogar Jim Knopf zur Begrüßung von einer Palme geklettert.

Das Problem an Stippvisiten nach Afrika ist die sogenannte Produktenttäuschung. Man kennt das Phänomen aus den Verkaufskanälen im Fernsehen. Der Allesschneider sieht wirklich toll aus, wenn er von einer Fachkraft vorgeführt wird. Der Inhalt des zerknautschten Pakets, das wenige Tage später geliefert wird, hat mit der Wundermaschine aus dem Fernsehen allerdings nur wenig zu tun.

Oh, geheimnisvolles Morgenland, dachten wir, als der Dampfer früh am Tag vor Tunis zu liegen kam: Moscheen und Minarette, so weit der Blick reichte. Kaum hatten wir uns den Schlaf aus den Augen gerieben, stellten sich die Kuppeln allerdings als Öltanks heraus und die Türme als Ladekräne. Eine zentrale ästhetische Schwachstelle aller Kreuzfahrten besteht darin, dass sich Liegeplätze für größere Schiffe bevorzugt in Industriehäfen finden. »Das soll Afrika sein?«, fragte Hans enttäuscht. Er hatte ja recht. Afrika sah ungefähr aus wie die Gegend zwischen Siemensstadt und Spandau. Der Vater mühte sich, die Fantasie zu beflügeln. »Dahinter geht es ja noch weiter.« Es folgte ein kindgerechter Vortrag über Karthago, Römer und die Wiege der abendländischen Kultur. Hans spähte über die Reling, weil er wenigstens ein Kamel zu entdecken hoffte. Mit meinem bemerkenswerten Repertoire an Tierstimmen konnte ich ihn immer wieder ablenken.

Hans wollte Römer sehen, am besten solche, die aussahen wie in seinen realitätsfernen Bilderbüchern. Heikle Frage: Sollte man das Kind zu einer sehr gebührenpflichtigen Busfahrt zu historischen Steinhaufen überreden und weitere Enttäuschungen riskieren? Da kulturelle Ignoranz in Abwesenheit der Chefin wesentlich leichter fällt, entschieden wir uns einstimmig, an Bord zu bleiben. Am Pool war es schön leer, und endlich kamen wir dazu, an der Wii zu spielen, weil die Computer-Kids, die die Stationen sonst blockierten, überraschend zum Bildungstrip angetreten waren, mit anschließendem Shopping.

Dieter, ein adipöser Halbwüchsiger aus der Pfalz, der vier Portionen Eis mit Sahne verdrücken konnte, berichtete beim Abendessen von seinen Erlebnissen in Afrika. Bei einem Metzger habe doch tatsächlich ein abgetrennter Schafskopf gelegen, im Schaufenster, mit Fliegen drauf. Hans war so aufgewühlt, dass er kaum einschlafen mochte. Er kannte Schafe bislang nur in Gestalt von Shaun und seinen Kumpels, den verrückten Wollknäueln aus dem Fernsehen. »Das war bestimmt ein Laden für Karnevalskostüme«, erklärte ich. Hans war beruhigt. Bizarre Halloween-Masken machen einem behüteten Stadtkind deutlich weniger Angst als die Realität.

Susanne Leinemann

Nie wieder Urlaub im Wickieland

Wir haben vorzeitig unseren Urlaub abgebrochen. Wir waren in Wickieland. Wickieland grenzt an Deutschland. Man nimmt die Fähre von Rostock-Oberseehafen, fährt knapp zwei Stunden über die Ostsee und legt in Wickieland an. Als wir mit dem Auto von der Fähre fuhren, ging zur Begrüßung ein Platzregen nieder. Willkommen in Wickieland!

Unsere Kinder hatten unbedingt hingewollt. Wickie, der kleine kluge Wikinger, ist ihr Held. In Wickieland gibt es viele kleine, niedrige Häuser. Es gibt keine Berge, nur Landschaftsbeulen. Die einzigen wirklich alten, kulturell bedeutenden Gebäude sind Kirchen, die alle aussehen wie Wehrkirchen. Der Wickieländer trinkt nachmittags um vier oder fünf Uhr in einem Café-Restaurant sein erstes Bier. Abends um neun sind die Restaurants dann wie leer gefegt, alle sind zu Hause. In Wickieland gehen früh die Lichter aus.

Ich weiß, es gibt echte Dänemark-Fans. Die Fähre war voll von ihnen. Der Dänemark-Fan führt drei, vier Fahrräder auf dem Dachgepäckträger mit. Sein Kofferraum ist bis zum Anschlag vollgepackt mit warmer Freizeitkleidung, Regensachen, Büchern, Spielen und Lebensmitteln. Im Grunde muss man sich für eine Reise nach Dänemark mit Dingen wappnen, die einen Dänemark überleben lassen. Körperlich und geistig.

Fangen wir mit dem Wetter an. Sicherlich scheint in Dänemark auch mal die Sonne. Vermutlich liegt der Durchschnittswert bei fünf Tagen im Jahr. Leider waren die fünf Sonnentage schon vorüber, als wir kamen. Wir saßen also in dem wunderschönen alten reetgedeckten Fischerhaus direkt am Ostseestrand, schauten hinaus auf das Meer und protokollierten die vielen Varianten des Regens. O ja, Regen kann sehr variantenreich sein! Dicht und hart wie in der Autowaschstraße. Oder ganz fein, so als hielte der Herr im Himmel einen Wasserbestäuber in der Hand und besprühe damit permanent Dänemark. Dazu der stinknormale Dauerregen. Und natürlich der Wind.

Bevor uns die reetgedeckte Decke auf den Kopf fiel, rannten wir zum Auto und machten einen Ausflug. Aber wohin? Wenn man kein Fan von hutzligen Heimatmuseen ist, ist das gar nicht so leicht. Ich beschloss, uns eine echte Burg zu suchen. Die Dänen sind schließlich ein altes Königreich. Aber es gibt in Dänemark keine wirklich alten Burgen, zumindest keine aus dem Mittelalter. Keine Ahnung, was die Dänen im Mittelalter genau gemacht haben. Vermutlich ihre Technik der betonharten Fischpanade perfektioniert.

Denn beim Essen war der absolute Tiefpunkt erreicht. Wie kann ein Volk, das am Meer lebt und dessen Häfen voller Fischerboote sind, Fisch so malträtieren? Die Dänen haben zwei Methoden entwickelt, um den Fisch geschmacklich völlig zu erledigen. Erstens die asphaltdicke Panade auf jedem Fisch, die in der obligatorischen Fritteuse den perfekten, fischabtötenden Geschmack erhält. Zweitens grauenhaft dicke Remouladensoßen in verschiedenen Geschmacksrichtungen wie Schmand, Curry, Senf. Die Teller sind überbordend voll mit frittiertem Fisch, geschmacksneutralen Eismeergarnelen, falschem Kaviar und schweren Saucen. Manchmal liegt ein Berg Grünfutter daneben: total trockener Salat. Kein Tropfen Öl. Nichts. Und ganz unten, am tiefen Grund des Tellers, findet sich der kulinarische Höhepunkt: eine mit Butter bestrichene Brotscheibe.

Nach fünf Tagen Dauerregen, Fischpanade und trostlosen Ausflügen brachen wir ab. Wir waren inzwischen im Panaden-Delirium und tagträumten von Süditalien, kleinen Supermärkten mit tollen Tomaten, bezahlbarem leckeren Kaffee, einem Gläschen Wein bei Sonnenuntergang. Wir riefen in Rostock bei der Fährgesellschaft an und landeten in der Lastwagenabteilung. Das war unsere Rettung. Ich sagte der Sachbearbeiterin: »Bitte holen Sie uns hier raus.« – »Wo raus?«, fragte sie. »Aus Dänemark«, sagte ich. Die Frau empfand echtes Mitleid. »Ist gut«, sagte sie, »ich hole Sie raus«, und buchte uns auf den nächsten Tag um. Es war der letzte Platz an Bord.

Und was tat Wickieland am Abfahrtsmorgen? Wir wachten auf, die Sonne lachte höhnisch in unser Fenster. Dort draußen lag ein perfekter Morgen am Meer. Es war ganz eindeutig. Länder sind wie Menschen. Sie lieben oder sie hassen einen. Alles klar, Wickieland. Wir sind schon weg.

Hajo Schumacher

Pädagogisches Geheimrezept

Hans mag nicht in den Kindergarten. Offenbar hat er Angst, nach den außerplanmäßigen Ferien mit Papa den Anschluss verloren zu haben. Die anderen Kinder haben inzwischen bestimmt neue Zahlen gelernt, chinesische Schriftzeichen oder Violine. Schließlich ist in einem Dreivierteljahr Einschulung. Bis dahin sollen die Kleinen gefälligst fließend schreiben, rechnen und PowerPoint-präsentieren können, idealerweise in Business-Mandarin.

Ich teilte die Skepsis des Kleinen. Denn wir hatten in den Ferien gegen sämtliche Gesetze der modernen Heldenaufzucht verstoßen. Hans hatte den Tag mit einem ballaststoff- und vitaminfreien Frühstück begonnen. Die größeren Kinder hatten ihm beigebracht, wie man Apfelschorle unauffällig mit koffeinhaltiger Limonade anreichert. Wir hatten uns über die albernen Bärchen-Pullover anderer Fünfjähriger lustig gemacht, wir hatten stundenlang an der Wii gespielt und waren jeden Abend viel zu spät ins Bett gegangen, nicht ohne vorher »Harry Potter« zu lesen. »Viel zu früh, viel zu gruselig«, schimpfte die besorgte Chefin ins Telefon, die sich bestimmt ausmalte, wie ihr Liebling in der Kita mit Geheimwissen aus Hogwarts protzen und damit alle anderen Mütter gegen sie aufbringen würde. Kurz: Ich hatte das Kind verdorben. Ein ordentlicher Lebensweg war kaum noch denkbar; wahrscheinlich musste Hans jetzt Politiker werden.

Hans und ich trödelten einträchtig am Montagmorgen. Angst einte uns, als wir die Treppen zur Kita erklommen. Würden die anderen Kinder ihren alten Kumpel noch wiedererkennen? Würde ich am Nachmittag mal wieder ausgeschimpft werden wegen mangelnder Fürsorge?

Zumindest Hansens Furcht erwies sich als unberechtigt. Kaum war er durch die Tür geschlüpft, stürzten sich die anderen auf ihn und überzogen den kleinen Kerl mit Liebesbekundungen. Sekunden später war er mit seinen Freunden verschwunden. Puuh. Die erste Hürde wäre genommen. Unauffällig verkrümelte ich mich, nicht ohne zu überlegen, wann ich das letzte Mal derart gemocht worden war. Was würde Hans dem Fachpersonal als schönstes Ferienerlebnis schildern: den blutrünstigen Voldemort? Brutale Computerspiele? Den abgetrennten Schafskopf? Oder die Hektoliter zuckerstrotzender Erfrischungsgetränke?

Ich rechnete mit dem sofortigen Rauswurf, als ich nachmittags zum Abholen kam. Tatsächlich stürzte die Gruppenleiterin direkt auf mich zu: »Was haben Sie denn mit Hans gemacht?«, fragte sie. »Nun«, stammelte ich, »es war bestimmt nicht ganz so, wie er erzählt hat ...« Die Fachkraft strahlte mich an. »Er hat nicht viel erzählt. Aber er sagt plötzlich ›Bitte‹ und ›Danke‹, er sitzt konzentriert an seinen Aufgaben, er malt ganz toll und ist völlig ausgeglichen. Sie müssen mir unbedingt Ihr pädagogisches Konzept erläutern.« Pädagogisches Konzept? Das hatte mir noch niemand unterstellt. »Also, von mir hat er das nicht«, erklärte ich wahrheitsgemäß. »Wahrscheinlich ist diese Bescheidenheit Ihr Geheimnis«, stellte die Erzieherin fest. Wahrscheinlich hat sie recht.

Susanne Leinemann

Bikinibeine und blassrosa Schwimmflügel

Wir kommen gerade aus dem Urlaub wieder. Zwei Wochen Italien an einem kinderfreundlichen Strand. Ferienhaus mit Garten. Mietwagen. Ganz klassisch. Der erste Urlaub seit Langem – endlich. Natürlich war ich als Mutter hauptverantwortlich für die Vorbereitung. Also legte ich los.

In einem kleinen Surferladen um die Ecke kaufte ich mir einen grünen Bikini, der einem auch nach zwei Schwangerschaften eine akzeptable Figur verschafft. Nicht zu knapp, nicht zu trutschig. Danach ließ ich meine Beine auf internationalen Strandstandard bringen. Ich betrat dazu einen Laden mit schicker Fassade, wurde aber gleich nach hinten in eine kahle Zelle geführt. Dort, auf einer Pritsche liegend, malträtierte mich eine Brasilianerin, die kein Wort Deutsch verstand, eine halbe Stunde lang. Ich kam mir vor wie in einer Folterkammer in São Paulo. Aber das Ergebnis rechtfertigte den Schmerz. Am Ende ging ich zum Frisör. Das war sehr viel angenehmer.

Als wir am Morgen abflugbereit im Flughafen Schönefeld standen, war ich sicher, an alles gedacht zu haben. Ein Irrtum. Denn irgendwie waren mir bei der Urlaubsvorbereitung die Kinder weggerutscht. Zwar hatte ich Kleidung und Schuhe für sie dabei, aber ich hatte 1. das Babyfon vergessen, 2. ein Puzzle, Malstifte und den Trinkbecher meines Sohnes, 3. die Schwimmflügel für beide Kinder. Das muss man sich mal vorstellen. Man fährt mit kleinen Kindern ans Meer und vergisst die Schwimmflügel. Natürlich schämte ich mich sofort und fragte mich insgeheim, was für eine schlechte Mutter ich sei. Da stehe ich gut frisiert, im trendigen Surferkleidchen mit glatten Beinen in der südlichen Sonne, aber meine Kinder dürfen nicht ins Wasser, weil sie wie ein Stein untergehen würden. Noch hatte niemand von der Familie etwas gemerkt, also schlich ich zum nächsten Supermarkt und kaufte für 2,35 Euro neue Flügelchen. Ich dachte, damit mogel ich mich durch.

Am Strand angelangt, flog der Schwindel allerdings auf. Wir waren nämlich mit einem Eltern-Kind-Reiseunternehmen gefahren, um uns herum waren also nur deutsche Paare mit ihrem Nachwuchs. Alles engagierte Vollblutmütter, was man schon daran merkte, dass ihre Beine zwar trotz Sommerfrische behaart waren, sie dafür aber tolle aufblasbare Schwimmtiere, Strandmuscheln für den Schatten und natürlich echte, TÜV-geprüfte Schwimmflügel für ihre Kinder dabeihatten. Das Meer in Strandnähe war gefleckt von schreiend orangenen Schwimmflügeln an deutschen Kinderärmchen. Sichere Schwimmflügel aus reißfestem Plastik, doppelwandig, mit einer Sperre am Ventil, die Luftverlust verhindert. Meine Kinder dagegen trugen das italienische Supermarktmodell, dem man nicht trauen darf. Italiener haben ein anderes Verhältnis zur Sicherheit. Diese schlappen Schwimmflügel waren so blassrosa, als hätten Salzwasser und Sonne sie seit Jahren ausgebleicht. Damit kann man kein im Meer verschwundenes Kind orten. Dafür war ein stilisiertes Baby mit Schnuller aufgedruckt. Womöglich eine Botschaft? »Wenn Sie diese Schwimmflügel Ihrem Kind anlegen, denken Sie besser daran, ein neues zu zeugen.« Oder: »Nur für Neugeborene bis zu 3500 Gramm geeignet.«

Den Profimüttern am Strand fiel sofort auf, wie schlecht wir ausgerüstet waren. Die haben einen Blick dafür. Denn natürlich hatten wir auch das Sandspielzeug im Ferienhaus vergessen. Danach musste ich meinem Mann die Sache mit dem Babyfon beichten. Auch daheim gelassen. Wir kauften zähneknirschend ein zweites. Dazu eine neue Tasse, ein Puzzle und Malstifte. Unsere Urlaubskasse leerte sich rapide.

Warum, frage ich mich, gibt es kein Eltern-Kind-Reiseunternehmen, das auf vergessliche Mütter wie mich eingestellt ist? Wo ich nur eine Nummer am Hausapparat wählen muss und schon habe ich den Kleinkind-Service dran? Problemlos werden Babyfone, Schaufeln und Eimer, Kindernagelscheren, Legosteine oder Malstifte nachgeliefert. Natürlich auch leuchtend orangene Schwimmflügel.

Und sollte ich am Ende des Urlaubs zwar das frisch gepresste Olivenöl, die getrockneten Kräuter und die Arrabiata-Mischung eingepackt haben, aber bei aller Hektik die Kinder vergessen, dann würde mir ein Angestellter zum Taxi hinterhereilen und mir diskret den Nachwuchs zuschieben. »Scusi, Signora, Ihre Bambini.« Natürlich erröte ich und stammele, wie peinlich mir die Situation sei. Aber der Mann würde nur abwinken und mit größter Selbstverständlichkeit sagen: »Dafür sind wir doch da.«

Hajo Schumacher

Karneval mit Außerirdischen

Wir sind eine überaus kreative Familie. Aus einem Schuhkarton und Klopapierrollen habe ich, schnippschnapp, fix einen prima Roboter gebaut. Keine Reklamebeilage, die sich nicht mit geschickten Scherenschnitten zur stimmungsvollen weihnachtlichen Fensterrosette verarbeiten ließe. Und unsere Fimo-Türschilder erst – berüchtigt im ganzen Bekanntenkreis.

Hans allerdings betrachtet die elterlichen Bastelarbeiten eher skeptisch. Für unseren vorlauten kleinen Vorschüler gibt es nach wie vor nur ein ästhetisches Kriterium: Alles muss aussehen wie in Star Wars. Zugegeben: Weder mein Roboter noch der Fensterschmuck würden bei George Lucas Gnade finden.

Seit Hans meinen Werkzeugkasten entdeckt hat, werkelt er lieber selbst herum. Neulich hatte der Kleine sich einen blauen Müllsack umgehängt, den Mundschutz vom Schleifen umgeschnallt und ließ den Staubsaugerschlauch vor der Nase baumeln. »Wer bist du?«, fragte ich ehrfürchtig. »Einer von unten«, antwortete das Kind. Aha, einer von unten. Was könnte das bedeuten? Eine neue Geheimsprache? Irgendwas von Pokémon? »Wer sind die von unten?«, fragte ich. Hans zog mich ans Fenster. »Wir müssen warten«, erklärte er. Wir starrten auf die samstäglich belebte Straße. »Da!«, brüllte Hans plötzlich: »Da sind welche!« Tatsächlich. Ein Wesen in glänzendem Schwarz schritt übers Trottoir, begleitet von einem anderen Außerirdischen, der bis auf eine knappe Lederunterhose praktisch nackt marschierte. An einer Leine zog er einen Kumpel mit Hundemaske hinterher.

Na klar: Es war mal wieder Folsom, das Jahrestreffen für Freunde der Leder-, Lack- und Latexverpackung. Wer im Großraum der eher maskulin dominierten Fuggerstraße wohnt, erlebt etwa dreimal im Jahr putzige Szenen, wenn sich zum Beispiel zwei beleibte, behaarte und vor allem ungelenke ältere Herren in ihrem Ford Ka mit Bielefelder Kennzeichen gegenseitig in die hautenge Kluft helfen. Hans guckt immer sehr interessiert. Auch wenn man sich als Spießer-Hete bisweilen diskriminiert fühlt, sind wir natürlich eine tolerante Familie, die so tut, als sei es das Normalste von der Welt, im Nazimantel und mit acht Pfund Ketten behängt beim Bäcker ein Schokocroissant zu erwerben.

»Ich glaube, sie kommen in Frieden«, erklärte ich Hans. Dass die Maskenmänner harmlos waren, hatte er erst gestern vor der Tür erfahren. Obwohl die drei kalifornischen Cops mit ihren Gummiknüppeln recht Furcht einflößend aussahen, grüßten sie nett und fragten Hans nach seinem Namen. Der Kleine klammerte sich an mein Bein. »Das ist Karneval«, erklärte ich, weil ich Fetischdebatten bei Fünfjährigen für etwas verfrüht halte – Spießer-Hete eben. Hans nickte einsichtig. Jetzt müssen wir ihn nur noch davon abbringen, mit Mundschutz und Staubsaugerschlauch beim nächsten Fasching im Kindergarten einzulaufen.

Susanne Leinemann

Besucher auf unserem Hof

An schönen Tagen arbeite ich oft auf dem Balkon, eine hübsche Loggia mit Blick ins Grüne. Der Olivenbaum wächst dieses Jahr prächtig, der Lavendel duftet, und die Schwarzäugige Susanne rankt sich an der Wand hinter der Bank empor. Unser Balkon ist ein idyllischer Ort.

Begleitet werde ich beim Schreiben von Geräuschen aus dem großen, baumbestandenen Hof – Nachbarn plauschen, jemand fährt rasant mit dem Fahrrad um die Ecke, ein Kind kickt Fußball. Das regelmäßigste Geräusch ist das Klappern der Mülldeckel.

Unser Müll wird nämlich durchsucht, mehrmals am Tag. Von ganz verschiedenen Leuten. Er wird auf Brauchbares durchsucht, auf Dinge, die man weiterverwerten kann. Pfandflaschen, klar. Aber auch Sperrmüll, weggeworfener Kleinkram. Um Lebensmittel geht es, soweit ich vom Balkon aus sehen kann, nicht.

Die Müllstation, wie wir sie hier nennen, steht gleich neben dem kleinen Spielplatz mit Sandkasten und Schaukel. Sie ist offen, jeder kann rein. Unsere große Wohnanlage hat viele Mülltonnen. Graue, blaue, gelbe, grüne, eine braune gibt es auch.

Ganz früh kommt der »Habibi«-Mann. Habibi ist Arabisch und heißt Freund. Die Kinder kennen ihn schon, grüßen ihn zurück – wir treffen ihn oft auf dem Schulweg. Er ist klein und zahnlos, aber sehr freundlich und zieht sein Einkaufswägelchen hinter sich her, in das er gefundene Wertsachen steckt. Er fragt jeden: »Geht es gut? Alles in Ordnung?« Dann antworte ich: »Danke. Alles prima.« Mehr wurde in all den Jahren noch nie geredet. Manchmal murmelt er danach vor sich hin, wie schön das Leben sei. Deutlich später kommt der große Schweiger. Ein Riese, die Haare grau, er ist alt. Wie eine unheimliche Stummfilmfigur. Oder als sei er aus dem Film »Einer flog über das Kuckucksnest« ausgerissen. Ich bin mir ziemlich sicher, dass er Jahre in der Psychiatrie verbracht hat. Alles an ihm wirkt verlangsamt. Er hat noch nie ein Wort gesagt.

Eine ältere Frau durchsucht auch regelmäßig die Tonnen, ich weiß, sie wohnt in der Nähe. Sie hat mir mal erzählt, dass sie eine Tochter habe, aber von der sei sie enttäuscht – sie weigere sich, Kinder zu kriegen. Ich habe ein wenig Angst vor ihr, sie wirkt wie eine Frau, die den bösen Blick beherrscht. Deshalb bin ich immer sehr freundlich. Und dann sind da noch die Frauen aus Rumänien. Oft sind sie zu zweit oder zu dritt unterwegs, manchmal mit Kindern. Sie reden nie mit uns, schauen auch nicht freundlich, eher verachtend. Ich glaube, sie mögen unser Leben hier nicht. Vermutlich wären sie lieber daheim in ihren Dörfern.

Meinen Kindern erscheint das alles als völlig normal. Sie spielen auf dem Spielplatz, während mit langen Metallstäben Tonne für Tonne durchwühlt wird. Das Bild ist ihnen vertraut. Und jedes Mal denke ich: Wie anders die deutsche Wirklichkeit doch geworden ist. Das alles kannte ich als Kind nicht.

Hajo Schumacher

Rentner-Raver haben's schwer

Hawaiihemd? Blumenkette? Leuchtstreifen im schütteren Haupthaar? In welchem Aufzug besucht ein Herr in den besten Jahren ein Rummsbumms-Konzert, das komplette Hirnabschaltung verlangt? Scooter bewegt sich intellektuell auf der gleichen Flughöhe wie die Kastelruther Spatzen. Volksmusik eben; es geht um Liebe, Triebe, Hiebe, nur viel schneller und lauter. Meine Trommelfelle bluten schon beim Gedanken an basslastiges Itzitzitz. Der durchtriebene Filius hatte die Chefin dazu bewegt, uns zwei Karten zu schenken, »damit Vater und Sohn wieder mal was gemeinsam unternehmen«. Irgendwann hatte ich den unvorsichtigen Gedanken geäußert, dass es vielleicht interessant sei, sich ein Dröhnkonzert samt Publikum anzuschauen, aus gesellschaftspolitischer Perspektive.

Nun sitze ich in der U-Bahn und ertrage den Monolog eines Heranwachsenden, der über Emo-House, Hardcore-Rave und Minimal-Trance doziert, vor allem aber über die Schrittfolge beim Jumpstyle. Wer tänzerisch zu »Fernando« von Abba sozialisiert wurde und an weithin hörbarem Hüftknarzen leidet, ist für neumodische Hüpfereien nicht gemacht, allenfalls für ein wenig Travolta, nach reichlich Jägermeister.

»Und Paul van Dyk?«, werfe ich ein, weil ich keinen anderen Techno-Musiker kenne. »Van Dück«, korrigiert mich der Herr Sohn. Ich hatte »van Deick« gesagt. Schweigen. War wohl nicht so phatt. Eine Horde Easyjet-Schweden entert den Waggon, mit

Hawaiihemden, Blumenketten und Leuchtstreifen. »Crazy«, sagt mein Sohn anerkennend. Mein neutrales Steve-Jobs-Schwarz hatte er eher abfällig gemustert. Vor der Arena in Treptow rollen die Buddeln über den verregneten Asphalt. Die Besucher haben den Vor-Rave-Durst mit allem bekämpft, was die Spirituosenindustrie je an Grausamkeiten gebraut hat. Die Schweden trinken Kräutergeist und johlen: »How much is the fish?« Offenbar eine Art Geheimsprache der Scooter-Sekte.

Die Halle dampft. Ich überlege, mir auf der Toilette noch rasch ein paar Klopapierstöpsel in die Gehörgänge zu pressen. Aber was würde mein Sohn sagen, wenn mir beim Headbangen weiße Krümel aus den Ohren rieseln? Plötzlich zwei magenzerfetzende Donnerschläge. Scooter-Chef H. P. Baxxter hat die Bühne erklommen und spricht Englisch, als habe er zwei heiße Pellkartoffeln im Mund. Eigentlich heißt der Mann Hans Peter Geerdes, kommt aus Leer/Ostfriesland, hat ein paar Semester Jura studiert und ist auch schon vierundvierzig. Die Schweden haben ihre mäßig spektakulären Oberkörper bis auf luftige Bauarbeiterwesten entblößt und fotografieren sich unablässig. Mein Sohn hüpft wie ein Frosch auf Speed und gibt Kommandos: »Jetzt den Pointer.« Er bohrt den Zeigefinger in die Luft, so wie alle anderen in der Arena. Als letzter der fünftausend Zuschauer kapiert auch das elterliche Begleitpersonal, was zu tun ist. Der Bass wummert die Eingeweide durch, das Hüpfen zerrt an den Waden. Das Leben als Rentner-Raver ist hart. Aber nächstes Jahr gehe ich wieder hin. Im Hawaiihemd mit Blumenkette. Und ohne Ohrenstöpsel. Nach drei Tagen ist das Piepen ja wieder weg.

Susanne Leinemann

Zwei ganz Tapfere

Ach, diese Wohlstandskinder – kennen Sie den Gedanken? Manchmal erwische ich mich dabei. Neulich unternahmen wir eine Fahrradtour zu viert: die Oma, meine beiden Kinder und ich.

Laut Karte war die Strecke – erst durch den Wald, dann an einem See vorbei – 3,7 Kilometer lang. Meine Mutter fuhr voran, hinter ihr die Kinder, die Nachhut bildete ich.

Das Gejaule fing nach einem Kilometer an. Es ging leicht bergauf, das war zu viel für die kindlichen Nerven. »Mama, ich schaff das nicht«, klagte meine Tochter. »Ich will nach Hause«, jammerte mein Sohn. Sofort schlüpfte ich in die Rolle einer aufgedrehten Club-Med-Animateurin. »Kinder, ihr macht das super. Schaut mal – die super Ente da auf dem Teich –, das ist doch superschön in der Natur.«

So bewältigten wir Meter um Meter: loben, trösten, loben, anfeuern, loben. Von Wald und See bekam ich auf der Tour nicht viel zu sehen.

»Wie haben es die vertriebenen Frauen im Zweiten Weltkrieg nur geschafft, ihre vielen Kinder von Ostpreußen bis nach Berlin zu kriegen?«, fragte ich am Ende der Tour meine Mutter. »Ich schaffe es ja kaum, sie knapp vier Kilometer auf dem Fahrrad durch den Wald zu treiben.« Das denke ich oft, wenn ich im Fernsehen historische Dokumentationen sehe: diese langen Trecks auf den Landstraßen Pommerns, so viele Kinder dabei, sie laufen mit, ziehen Handwagen, scheinen kaum zu klagen. Waren das ganz andere Kinder – damals tapfere Kriegskinder, heute jammernde Wohlstandskinder?

Dann zeigten meine Kinder mir, wie sie über sich selbst hinauswachsen können. Wie viel sie tragen können, wenn sie müssen.

Unerwartet kam ich ins Krankenhaus, noch in der Nacht. Es war nicht absolut lebensbedrohlich, aber dennoch bedrohlich. Der Vater war, wie es in solchen Momenten eben manchmal ist, nicht da – er war gerade beruflich in den USA unterwegs. Ein Rettungsnetz aus Großeltern und engen Freunden entfaltete sich sofort und fing die Kinder auf. Trotzdem, sie spürten die Erschütterung. »Dass Papa jetzt so lange weg ist, ist schlimm«, sagte mein fünfjähriger Sohn zu einer Freundin. »Aber dass Mama jetzt weg ist, das macht mir Angst.« Seine große Schwester – auch erst sieben – nahm ihn in den Arm. »Ich passe auf dich auf.« Tatsächlich – an den folgenden Tagen schlief sie erst ein, nachdem ihr Bruder weggedämmert war. »Ich muss wissen, dass es ihm gut geht«, erklärte sie mir später, »er soll sich nicht fürchten.«

Die beiden waren toll. Unglaublich tapfer. Sie waren trotz der Lage, die ihnen Angst machte, manchmal fröhlich. Waren sie traurig, ließen sie sich trösten von dem, der gerade da war. Sie verzichteten klaglos auf vieles, was ihnen lieb war – auf die Übernachtung bei der besten Freundin, auf die eigene Geburtstagsfeier, die schon durchgeplant war. Sie wussten, es ist ernst. Und so verhielten sie sich.

Jetzt bin ich wieder daheim, mein Mann ist es auch. Die Familie ist wieder im Lot. Woran ich das merke? Es wird wieder gejammert – alltägliches Kinder-Wohlstandsgejammere.

Ich gönne ihnen dieses Jammern von ganzem Herzen.

Hajo Schumacher

Familie beim Karatekurs

Neulich war es wieder so weit. Ziemlich zerknirscht und verbeult kam Karl nach Hause, morgens um halb zwei. Die Eltern schliefen längst. Am nächsten Morgen dann der Schreck.

Der fast große Sohn war mit zwei Kumpels am Rand des Volksparks überfallen worden, mitten im schläfrigen Wilmersdorf, von rüden Jugendlichen, die ihre Opfer erst mit einigen Magenschwingern kampfunfähig geboxt, dann ins Gebüsch geschubst und schließlich um ihre schmalen Brieftaschen erleichtert hatten. Zum Glück nur Schürfwunden.

Innerhalb von fünf Jahren nun schon das zweite Mal, dass unser Sohn Opfer von Halbstarken wurde, die eine sehr eigene Idee von Umverteilung haben. Ist Berlin eine überdurchschnittlich kriminelle Stadt? Wäre so ein Überfall in Bielefeld nicht passiert? Nimmt man hier und da eine Straftat in Kauf, wenn man dafür nicht in Bielefeld wohnen muss? Und was ist mit dem Kind? Ist der Bengel traumatisiert? Fallen wir nach Räubern jetzt auch noch Therapeuten in die Hände?

Erste Frage: Darf man einen kräftigen Jungen von sechzehn Jahren nach Mitternacht allein durch die Stadt laufen lassen, in Begleitung zweier ebenfalls stämmiger Kumpels? Eigentlich nicht. Es ist wie bei Thierses Sitzblockade: Nach dem Buchstaben des Gesetzes hätte der Bengel längst zu Hause sein müssen. Aber Realität und Gesetz passen nicht immer zusammen. Waren wir früher mit sechzehn immer zur »Shiloh Ranch« zu Hause? Eben.

Zweite Frage: Was rät man dem Sohn? Erster Reflex: zurückschlagen. Respekt verschaffen. Aber wie bringt man einem zutiefst pazifistisch erzogenen Kind bei, einem wildfremden Menschen die Schneidezähne zu pulverisieren? Also wegrennen. Auch keine Lösung. Angreifer, die schneller, ausdauernder oder beides sind, könnten dann erst recht ungemütlich werden. Und die Kumpels will man ja auch nicht im Stich lassen. Vielleicht sollte man die Angreifer in ein gutes Gespräch verwickeln, über Recht und Unrecht, Deins und Meins, über Nächstenliebe und Mitgefühl? Thierse hätte das hinbekommen. Karl leider nicht.

Der freundliche Beamte auf der Wache mahnt mit leisem Tadel, dass wir doch direkt nach der Tat die Polizei hätten alarmieren sollen. Komisch, auf diesen Gedanken ist keiner gekommen. Im Fernsehen spannen Polizisten erst mal Papier in die Schreibmaschine, während die Unholde das Taschengeld des Opfers versaufen. Nur nicht auf eine Keilerei einlassen, sagt der Polizist, sonst ziehen die Täter ein Messer. Ein bisschen Bargeld griffbereit in der Hosentasche sei ebenfalls ratsam, sonst boxt der Bösewicht vor Zorn noch mal doller nach.

Was lernt das Kind nun? Vor jedem Ausflug die Taschengeldreste einstecken, die vom letzten Raubüberfall übrig geblieben sind, sich dann gleichmütig wie Gandhi ausnehmen lassen, schließlich bei der Polizei zugucken, wie man ein Blatt in dieses merkwürdige Ding ohne Bildschirm friemelt, und dann zu Hause blaue Flecken mit Sportsalbe einreiben. Kein Wunder, dass sich Straßenräuber in Berlin ziemlich sicher fühlen. Unsere Familie plant einen Karatekurs.

Susanne Leinemann

Eine verdammt lausige Woche

Wir haben Läuse. Meine Tochter und ich tragen seit einem Tag geblümte Duschhauben, weil unser Haar und unsere Kopfhaut von einem Antiläusemittel durchtränkt sind. Wir sehen aus wie Arbeiterinnen eines VEB-Fleischverarbeitungskombinats.

Unser Gefrierfach ist prall gefüllt mit Stofftieren, die mithilfe eines Kälteschocks entlaust werden müssen. Die Waschmaschine steht nicht mehr still. Seit Jahren wurde nicht mehr so rabiat gesaugt wie jetzt: Matratzen, Teppiche, Polster, Sitzkissen. Alles.

Der Lausbefall war nur eine Frage der Zeit. Wir waren seit Wochen umzingelt von dem Ungeziefer. Wohin man hörte – Läuse überall. Bei den Kindern von Freunden, im Kindergarten, sogar in den weichen Kopfpolstern des ICE. Wir wussten, es würde uns eines Tages erwischen. Der Läusering zog sich immer enger zu.

Trotzdem wollte ich den GAU anfangs nicht wahrhaben, als meine Tochter vor dem Einschlafen sagte: »Mama, es juckt mich so. Hier hinten.« Und dann kratzte sie sich im Nacken. Für jede läuseerfahrene Mutter ein klares Indiz: Kratzen am warmen Nacken oder hinter den Ohren = Läusealarm.

Aber damals, vor vierundzwanzig Stunden, war ich noch keine läuseerfahrene Mutter. Vor vierundzwanzig Stunden war ich eine Mutter, die sich weiterhin vormachen wollte, dass wir ein ordentlich-bürgerlicher Haushalt sind und so etwas nie kriegen. Also gab ich meiner Tochter einen Gutenachtkuss, murmelte »wird schon nichts sein« und versprach, am nächsten Morgen nachzusehen.

In dieser Nacht wuchs, saugte und krabbelte es weiter auf dem Kopf meiner Tochter. Wir schliefen beide unruhig, ich legte mich irgendwann im Morgengrauen zu ihr, weil sie weinte und ich sie trösten wollte. Da lagen wir Kopf an Kopf. Vermutlich setzten Lauspioniere in diesem Moment auf ihren sechs haarigen Beinchen über zu mir.

Unser schwarzer Freitag gaukelte anfangs vor, ein guter Tag zu werden. Wir lagen perfekt im Zeitplan – die Frühstücksdosen waren gepackt, die Kinder angezogen und fröhlich, wir würden es pünktlich in den Kindergarten schaffen. Da fiel mir die Szene vom Abend davor ein – war da nicht etwas gewesen? Irgendein Jucken? Also stellte ich meine Tochter rasch ans Balkonfenster, die Morgensonne schien so hübsch herein, und untersuchte ihren Nacken. An einigen Haaren klebten klitzekleine, fast schuppenartige Gebilde, die kaum abzulösen waren. Ich rief sofort eine läusevertraute Freundin an, deren Söhne dieses Jahr schon zweimal befallen waren. »Sehen so Nissen aus, diese klebenden Läuseeier?« Meine Freundin sagt nur: »Herzlichen Glückwunsch. Willkommen im Kreis der Auserwählten.«

Beim Kinderarzt ging es mit der Diagnose ganz schnell. Wir mussten sofort ins Isolierzimmer, in das man sonst nur bei Windpocken kommt. Die Sprechstundenhilfe griff ins Haar meiner Tochter, legte eine Strähne von links nach rechts, und schon krabbelte ihr eine Laus entgegen. Darüber regt sich aber heutzutage keiner mehr auf, denn Läuse sind – wie gesagt – wieder alltäglich. Ein Rezept für das allerneueste Läusemittel in der Hand gingen wir zur Apotheke und kauften danach die formschönen Duschhauben. Unser Sohn wurde zur Oma evakuiert – er ist läusefrei. Genau wie mein Mann.

Ja, die Oma. Mit der hat meine Tochter jetzt ein ganz neues Gesprächsthema: Entlausung. Meine Mutter erzählt aus der Nachkriegszeit, als die Engländer im Haus waren und ihre ganze Familie im Nachbarskeller leben musste. Alle vier Kinder waren damals verlaust. Und mein Großvater durchsuchte akribisch Strähne für Strähne die Haare seiner Kinder und las jede winzige Nisse heraus. Und ihre Enkeltochter nickt nun heftig. Ja, das kenne sie gut. Nur dass ihre Mutter – also ich – die Nissensuche fluchend mit einer Nagelschere betreibe, weil diese Biester so unverschämt klein und klebrig sind. Ich schnitte – anders als ihr geduldiger Urgroßvater 1945 – jedes befallene Haar einfach ab.

Was lernen wir daraus? Kommt Leben ins Haar, wird Zeitgeschichte richtig lebendig.

Die andere Oma weiß übrigens nichts vom Läusebefall. Wir haben es ihr verschwiegen. Sie hat nicht viel übrig für derart lebendige Zeitgeschichte.

Hajo Schumacher

Männer in der Wechselzone

»Jedes Jahr gibt es ein paar Idioten, die hirnlos über den Waldweg brettern und sich einen Platten holen«, hatte ich meinem Sohn Karl vor seinem ersten Triathlon eingeschärft. Ich kannte die Strecke im Schlaf. Der Berliner Volkstriathlon, ein Heimspiel.

Karl hatte wortlos genickt. Schweigen ist die bevorzugte Beschäftigung von Sechzehnjährigen. Schon für eine Kopfbewegung sind Eltern dankbar. Vater-Sohn-Triathlons erzeugen eine Menge Kopfbewegungen, sind also ideal, die Jahre pubertätsbedingter Sprachlosigkeit zeitweise zu überbrücken.

Aber auch sportlich ging es ganz gut los – immerhin krabbelten wir nicht als Letzte aus der Krummen Lanke. Und während die Konkurrenz noch nach Papiertaschentüchern suchte oder sich komplett neu einkleidete, jagte mein Kleiner praktisch ohne anzuhalten durch die Wechselzone. Er fuhr Ideallinie durch die spitzen Steine, als wäre dieser Pfad sein Schulweg. Mit meinem breiten Kreuz würde ich ihm illegalerweise etwas Windschatten spenden. Während ich die Sonnenbrille zurechtrückte, durchfuhr mich ein Schlag. Prall gepumpte Reifen, mein Gewicht und die scharfe Kante eines Steines hatten ein physikalisches Paradoxon erzeugt: Alles gleichzeitig ging nicht.

»Scheiße! Plattfuß! Du musst allein fahren«, brüllte ich zu Karl. Er nickte wortlos und ging aus dem Sattel. So wie ich in meinen besten Jahren. Dennoch durchfuhr mich Angst: Mein kleines mageres Fohlen zwanzig Kilometer lang inmitten dieser ungehobelten Rabauken, die für zehn Sekunden Vorsprung ihre eigene Großmutter in den Wannsee schubsen würden.

Jedes Leben hat seine Momente der Wahrheit. Indianer schicken ihre Heranwachsenden allein in den Wald. In modernen Kulturen muss stattdessen ein Triathlon absolviert werden, ganz allein. Karl war als Junge gestartet und würde als Mann durchs Ziel wetzen. Meine Augen wurden feucht, und es war kein Schweiß.

Kaum hatte ich mein defektes Rad zurück in die Wechselzone geschleppt, da kam Karl auch schon angebraust. Ich hatte immer von einem solchen Finish geträumt, aber meine Beine waren stets dagegen gewesen. Im Ziel streifte Karl das Finisher-T-Shirt über, als wäre es sein hundertstes. Er nickte mir zu. Ich zurück. Wozu Worte?

Susanne Leinemann

Machst du eigentlich noch irgendwas?

Was für ein Fehler! In dieser Woche habe ich eine Journalistenveranstaltung besucht, eine Preisverleihung. Lauter Kollegen tummelten sich dort, besser gesagt: frühere Kollegen. Eigentlich meide ich solche Treffen, aber diesmal ging es nicht anders.

Also zog ich mich schick an und machte mich auf den Weg nach Mitte. Die erste Stunde war okay. Die Veranstaltung fand unter der Erde statt, unterm Potsdamer Platz, in der halb fertigen U-Bahnstation, die eines Tages wohl mal eingeweiht werden wird, aber bislang nur aus nacktem Beton besteht, aufgelockert durch silbrige Belüftungsrohre. Das Licht war schummrig, und man raunte sich an den Stehtischen zu, es sei hier »wie in New York«. Na ja. New York kenne ich ein bisschen. Die Tiefgarage des Ruhrpark-Centers bei Bochum allerdings auch. Raten Sie mal, woran mich der Ort mehr erinnerte.

Dann nahm man an festlich gedeckten runden Tischen Platz, das Programm begann, und irgendwann in der Pause zwischen Vorspeise und Hauptgang passierte es zum ersten Mal. Ich traf einen Exkollegen, der mich herzlich begrüßte, um mich danach zu fragen: »Machst du eigentlich noch was?«

Sie werden sich jetzt vielleicht fragen, was der Mann damit meinte. Vielleicht, ob ich hinterher noch etwas mit ihm machen wollte? Einen trinken gehen vielleicht? Leider falsch geraten. Was wie eine harmlose Konversationsfrage klang, bedeutete hier unter Kollegen: »Na, arbeitest du noch irgendwo? Schreibst du noch? Oder bist du schreibmäßig schon tot?«

Darauf kann es gar keine bejahende Antwort geben. Wem von Kollegen diese Frage gestellt wird, der macht – hart gesagt – in den Augen eines Profis sowieso nichts mehr. Journalismus ist eine durch und durch öffentliche Angelegenheit – am Leben ist, wer gedruckt wird. Wen man erst danach fragen muss, der ist journalistisch tot. Sicher, man könnte jetzt damit kommen, noch das Magazin »Haus, Hund und Garten« zu beliefern oder sogar damit, vor elf Monaten erst in einer Regionalzeitung eine echt große Reportage veröffentlich zu haben. Geschenkt. Egal, was man jetzt sagt, mehr als ein müdes Lächeln wird man nicht ernten. »Machst du eigentlich noch was?« ist die Totschlagfrage unter Journalisten. Ich vermute, das gilt so ähnlich auch für andere Berufe.

Ich habe diese Frage an dem Abend vier Mal gehört. Vier Mal, von vier verschiedenen Kollegen! Danach kann man sich eigentlich nur noch mit einer Röhre Antidepressiva auf die Toilette des Geister-U-Bahnhofs zurückziehen.

Die Herren, die sich so freundlich nach meinem beruflichen Werdegang erkundigten, wollten ja nichts von der letzten Scharlachwelle hören. Nichts von Kindergartenschlusszeiten oder von langen Nachmittagen auf dem Spielplatz. Es hätte sie auch nicht besonders interessiert zu erfahren, wie oft unsere Waschmaschine läuft. Und dass ich jetzt ernsthaft darüber nachdenke, einen Trockner anzuschaffen, damit diese ewige Wäscheaufhängerei endlich ein Ende hat. Hart arbeitende Kerle kann man damit nicht beeindrucken.

Irgendwie fühlte ich mich wie die Hausfrau in der Fernsehwerbung, die vom Bankberater gefragt wird: »Und was machen Sie beruflich? Sind Sie nur …?« Nur Privatputze, Alltagsköchin,

Kinderabholdienst, Schulaufgabenkontrolleurin, emotionaler Coach für den Ehemann etc. pp. Und die daraufhin trotzig zu dem Bankmenschen sagt: »Ich führe ein erfolgreiches kleines Familienunternehmen.« Leider haben Journalisten ein Ohr für PR-Lügen.

Wissen Sie, was mich aufgebaut hat? Der Gedanke an Ursula von der Leyen. Die musste sich diese blöde Frage im Laufe ihres Lebens bestimmt auch öfter anhören. Sie war ja schließlich nicht immer Familienministerin, sondern längere Zeit – sieben Kinder! – »nur« eine Ärztin mit mangelnder Praxis. Und dann stand sie auf irgendeinem blöden Medizinerempfang, und plötzlich kam ein Exkollege, mit dem sie als Ärztin im Praktikum gearbeitet hatte, stellte sich als frisch gekürter Oberarzt vor und fragte sie: »Machst du eigentlich noch was?« Hätte sie in die Zukunft schauen können, hätte sie geantwortet: »Die nächsten Jahre krebse ich beruflich so rum. Aber 2006 werde ich Bundesministerin.« Das lässt doch hoffen.

Hajo Schumacher

XXXL in Kalifornien

Diesen Sommer wagt die Familie ein Experiment: getrennte Ferien. Der kleine Hans fährt mit Mutti zum Sandburgenbauen an die Nordsee, Vati mit dem Heranwachsenden nach Amerika. Karl soll an seinem Englisch feilen und am Weltbild. Denn der Herr Sohn neigt zu Pauschalurteilen, was seinen Eltern völlig fremd ist. »Alle Amerikaner sind dick«, sagt Karl zum Beispiel, als wir beim Vorurlaubsshopping in einem Haufen rabattierter XXXL-Shorts stöbern. Als ich kurze Hosen in Tarnoptik emporhalte, mäkelt der Sohn: »Ich will doch nicht in den Irak-Krieg.«

Tante Rita aus San Francisco ist gefährlich mager und hat uns ein Foto von ihrer Veranda gemailt, wo Flaggen, Transparente und Laubsägearbeiten ausgestellt sind, Devotionalien aus drei Jahrzehnten Pazifistendasein. Karl ist skeptisch. Nächstes Jahr will er die Ferien bestimmt in einer Kolchose bei Wladiwostok verbringen.

In der vielkurvigen Warteschlange halte ich einen Vortrag über die servicefreudigen Amerikaner. Respektlos deutet der Sohn auf ein halbes Dutzend Beamte, die ein Schwätzchen halten, anstatt uns die Einreise zu gewähren. »Psst«, zische ich und drücke seinen anklagenden Zeigefinger nach unten. Tante Rita mag nicht die erste Adresse sein, aber Alcatraz wäre schlimmer.

Weil Rita noch dünner ist als auf dem Foto, umarme ich sie sehr vorsichtig. Man will ja nicht gleich bei der Begrüßung alles kaputt machen. Karl und ich nicken, während die Gute am Steuer ihres Geländewagens über die Machenschaften von Öl-Multis und Politik monologisiert. »Acht Zylinder und über drei Liter Hubraum«, fachsimpelt Karl in eine Atempause hinein. Rita nickt stolz. Aus dem Baumaterial für diesen Panzer könnte man drei Hybridautos zusammenschrauben, denke ich.

Karl will auf der Reise durch Kalifornien zuerst nach Venice Beach, dorthin, wo die Surfer durch die Wellen brausen. Wahrscheinlich erwartet er, dass Pam Anderson und ihre Töchter am Strand entlanglaufen. Leider tummeln sich nur die Großeltern von Pam im Sand, um eine Art Power-Yoga zu absolvieren. Reichlich Sonne hat die Senioren in Leguane verwandelt. Aha. Im nächsten Winter wird unser Fitnessstudio also Leguan-Yoga anpreisen. Hans will ein T-Shirt. Ich zögere. Sollen jetzt schon alle Shopping-Schranken fallen? Andererseits: Ein Surfer-Leibchen in Neonmint schmückt auch den Vater. Lässig werfe ich meine Kreditkarte auf den Tresen. Leider meldet die deutlich übertätowierte Kassiererin ein Problem: »Sie müssen bitte Ihre Bank kontaktieren.« Wir haben sowieso zu viele T-Shirts. Ich will von einer Telefonzelle aus das Kreditinstitut meines ehemaligen Vertrauens anrufen. Aber der Mistapparat nimmt meine Münzen nicht. »Es ist vier Uhr morgens in Deutschland«, merkt mein neunmalkluger Nachwuchs an. Die Ferien haben noch nicht mal angefangen, da steht eines schon fest: Nächstes Jahr darf ich mit dem Kleinen an die Nordsee.

Susanne Leinemann

Eine Müttergenesungsfahrt im ICE

An manche Gefühle als kinderlose Frau erinnere ich mich noch sehr gut. Zum Beispiel an die Irritation, die mich überkam, wenn mich im ICE-Großraumwagen plötzlich ein völlig fremdes Kind durchdringend anstarrte. Man saß eben noch friedlich auf seinem Gangplatz, las Zeitung, und plötzlich steht so ein laufender Meter mit Sommersprossen vor einem und bringt einen völlig aus dem Konzept, weil er einen unverwandt anblickt.

Ich habe diese Situation immer gehasst. Was will das komische Kind von mir, dachte ich damals. Muss ich jetzt irgendetwas sagen? Mir fällt nichts ein. Soll ich lächeln? Mir ist nicht danach. Es ignorieren? Und wo sind eigentlich die Eltern, die sich um die kleine Nervensäge kümmern sollten?

Wer öfters Bahn fährt, ist bestimmt schon in eine ähnliche Situation geraten. Herumstreunende, gelangweilte Kinder, die zwischen zwei Bahnhöfen einen ganzen Eisenbahnwaggon tyrannisieren. Denn mit dem Anstarren fängt es erst an. Es folgt kreischendes Auf- und Abrennen im engen Mittelgang. Gekrönt von ausdauerndem Öffnen und Schließen der automatischen Waggontüren, bis alle Mitreisenden genervt sind, oder einem lautstarken Wutanfall, der auf dem versifften ICE-Teppich endet.

Um den Rückblick abzuschließen: Sah ich Eltern mit Kind in den Großraumwagen einsteigen, ging ich in Deckung. Manchmal wechselte ich sogar den Waggon. So war das damals, als ich noch keine Kinder hatte.

Offensichtlich ist Bernhard Bueb in seinem Leben auch viel Bahn gefahren. Bueb ist der ehemalige Leiter des Internats Salem und Verfasser des Buches »Lob der Disziplin«, das gerade auf der Bestsellerliste Eva Herman überholt hat. In seinem Kapitel »Wir brauchen wieder Mut zur Erziehung« steht: »Supermärkte, Restaurants und Eisenbahnabteile sind beliebte öffentliche Austragungsorte pädagogischer Konflikte. Wer konsequent Unterordnung eines Kindes verlangt, beweist Mut vor Zuschauern, die in Deutschland konsequentes Handeln zu häufig missbilligen.« Weil es die heute meist laschen Eltern nicht aushalten, ihrem Kind mal ordentlich in der Öffentlichkeit den Marsch zu blasen, eskaliere die Situation schnell.

»Lob der Disziplin« habe ich letzte Woche zum Geburtstag geschenkt bekommen. Übrigens von meinen Eltern. Ich versuche, das Geschenk nicht zu persönlich zu nehmen. Denn eigentlich dachte ich bislang, dass ich ziemlich gut in klaren Ansagen bin. Meine Kinder haben auf jeden Fall schon alle Sätze von mir gehört, die man von einer Mutter traditionellerweise so zu hören kriegt. »Zieh bitte die Schuhe aus, bevor du auf das Polster steigst.« Oder: »Sprich leiser, wir sind nicht allein hier.« Oder eben: »Ein ICE ist kein Spielplatz.«

Aber vielleicht ahnen meine Eltern auch nur ein dunkles Geheimnis.

Denn ich gebe zu, es ist einige Wochen her, da stand ich mit meinen Kindern auf dem Bahnhof Hamburg-Altona und sah noch die Rücklichter unseres verpassten Zuges. Fort fuhr nicht nur unser Anschluss, sondern auch unsere Platzreservierung im Kleinkindabteil. Ich hetzte mit den Kindern zur S-Bahn, am Bahnhof Dammtor stiegen wir in einen anderen Zug. Er war völlig überbucht, es war spät, die Kinder inzwischen übermüdet und hungrig. Irgendwie organisierte ich noch zwei Sitzplätze in einem überfüllten Großraumwagen. Trotzdem war klar, es war nur eine Frage von Minuten, bis meine überdrehten Kinder wie eine Zeitbombe hochgehen würden. Ich zählte die Sekunden.

Da entdeckte meine Tochter eine andere Dreijährige einige Reihen weiter. Erst lächelten sich die beiden schüchtern an, dann holten sie sich ab und zogen los. Sie starrten jeden Mitreisenden im Großraumwagen an, bis die irgendwann entnervt die Zeitungen weglegten. Sie kugelten sich kichernd auf dem Gang, bis keiner mehr durchkonnte. Sie probierten immer wieder die automatischen Türen aus, die Hydraulik kam kaum nach. Und ich?

Ich schaute weg. Kümmerte mich um meinen Sohn, brachte ihn zum Einschlafen. Lehnte mich ins Polster nach einem furchtbar anstrengenden Tag und freute mich, dass alle anderen im Waggon an diesem frühen Abend meinen Job taten. Und tatsächlich. Wir kamen ohne größere Schreiorgien in Berlin an.

Allen, die damals im besagten Wagen des ICE von Dammtor nach Berlin saßen, danke ich. Ihr wart wunderbar! Das nächste Mal bringe ich bestimmt wieder die Kraft zur Erziehung auf.

Hajo Schumacher

Kritische Tage ohne die Jungs

Ein Geschenk des Himmels: drei Tage ohne Kinder. Karl ist auf Klassenfahrt und Hans mit der Kita auf dem Ponyhof. Ruhe, Entspannung, Elternglück. Wir werden ins Theater gehen, romantisch essen, ausschlafen, uns womöglich gar unterhalten.

»So ruhig«, sagt die Chefin am Abend. Angesichts der angespannten Haushaltslage haben wir aufs teure Dinner verzichtet und verdrücken nun gedankenverloren die fermentierten Nudelreste, die die Kinder uns vom Wochenende übrig gelassen hatten. Die Gattin und ich denken das Gleiche: Wie es den Kindern wohl geht?

»Hat Karl schon angerufen?«, fragt Mona ungefähr zum siebzehnten Mal. Ich hatte das Handy mindestens zehn Minuten nicht gecheckt. Vielleicht ist der Akku leer? Oder Karl ist seines Handys beraubt worden. Liegt der Junge mal wieder im Straßengraben und verblutet, während die Rabeneltern seine Nudeln wegessen? »Wir müssen sofort bei der Klassenlehrerin anrufen«, sage ich. Mona schüttelt den Kopf. »Die Nummer ist nur für Notfälle.« Aber es ist ein Notfall. Und von Hans haben wir auch nichts gehört, seit zwölf Stunden. Der Kleine war noch nie so lange weg von zu Hause. Er wird das harte Kopfkissen dieser ranzigen Herberge längst durchgeheult haben.

Eigentlich wollte ich ein gutes Buch zum Rotwein lesen. Vor lauter Verzweiflung lasse ich das Buch weg. Durch den Weinnebel überlege ich, ob sechs lange Hosen wirklich reichen für drei Tage. Unruhiger Schlaf. Ich träume von einem kleinen Jungen in durchnässten Hosen, der erbärmlich hustet. Er hat bestimmt schon eine Lungenentzündung. Und wir liegen hier tatenlos herum.

Am nächsten Morgen verschlafen. Ohne den zweibeinigen Bio-Wecker, der zuverlässig um 6.15 Uhr das elterliche Schlafzimmer mit Fröhlichkeit flutet, bleibt es ein trüber Morgen. Ich kippe Milch und zuckrige Cornflakes auf den Küchentisch, damit es nicht so ungewohnt ordentlich aussieht. Mona hält beim Zähneputzen versonnen den Stoffschimpansen von Hans im Arm.

Mittags eine SMS der Chefin. »Gundula hat auch nichts gehört!« Auweia. Gundula weiß sonst immer alles. Sie hatte die Notrufnummern garantiert schon zwei Minuten nach Abfahrt des Busses angewählt.

Am Abend Ehekrise. Ich will in Karls Bett schlafen. Aber Mona hat sich bereits dort breitgemacht. Notgedrungen falte ich mich in Hansens Ritterbett, das leider nur eineinhalb Meter lang ist. Die Legosteine schneiden scharfe Kanten in meine zarte Rückenhaut. Ich schnuppere an den Schokoladenresten auf dem Kopfkissen.

Endlich Freitag. Die Jungs sind wieder da. Karl hat eine Tonne verkeimter Klamotten vor die Waschmaschine geworfen und lümmelt auf meinem Sofa vor dem Fernseher. Hans quengelt, weil sein Bett angeblich nach Rotwein riecht. Das Chaos mit diesen Bengeln macht mich wahnsinnig. Wird Zeit, dass sie bald wieder wegfahren.

Susanne Leinemann

Manche Eltern benehmen sich wie ihre Kinder

Sind wir Jammerlappen? Sind wir – die späten Mütter und Väter der Generation Golf – nervenschwache, weinerliche Eltern, die schon überfordert aufjaulen, wenn unsere Kleinkinder an der Supermarktkasse randalieren? Fehlt uns die innere Kraft zur souveränen Kindererziehung?

Auf einem sommerlichen Gartenfest sprach mich eine ältere Frau an – mehrfache Mutter, inzwischen auch Großmutter von vier Enkeln. Sie sagte: »Sie schreiben doch regelmäßig eine Kolumne über das Mutterdasein. Über all die kleinen Dinge, die wir früher ganz selbstverständlich und stillschweigend getan haben.«

Das saß. Diese Frau repräsentierte eine aussterbende aristokratische Klasse von Müttern: solche, die handeln, aber nicht groß drüber reden. Warum viele Worte machen über etwas, was doch selbstredend zum Kern elterlicher Pflichten gehört: die Kinder behüten, versorgen, erziehen.

Wir Mütter heute (das gilt auch für die wenigen Väter, die ihre Kinder hauptamtlich betreuen) wollen eigentlich nicht Mütter unserer Kinder sein. Wir wären lieber ihre Begleiter, ihre Partner im Leben, ihre dicksten Freunde. Aber kleine Kinder sind für partnerschaftliche Beziehungen noch nicht gemacht. Ein partnerschaftlicher Umgang klappt zwar ab und zu, aber wenige Sekunden später kann die Situation kippen. Aus heiterem Himmel wird lautstark geweint, gebrüllt, gefordert, Trost verlangt oder Nudeln mit Tomatensoße.

Die Liste kann leicht fortgesetzt werden: aufgeschlagene Knie, Kratzspuren im Gesicht, bemalte Wände, willkürliche Wünsche, ruppige Befehle aus Kindermund. Wir nennen an solchen Tagen unsere Kinder hinter vorgehaltener Hand einen Albtraum auf zwei Beinen oder, wie ich gern liebevoll sage, »meine kleinen Asozialen«.

Läuft da nicht etwas schief? Was erwarten wir denn von unseren Kindern – etwa freundschaftliche Teamarbeit im Familienalltag? Bei einer Supermama-Sendung im Fernsehen sah ich vor einigen Tagen ein Ehepaar auf dem Sofa sitzen, Eltern zweier Kindergartenkinder. Diese Eltern waren verzweifelt. Sie hielten sich tröstend die Hände und erklärten allen Ernstes in die Kamera, ihre Kinder würden sie hassen. Die Bälger seien eigentlich nur auf der Welt, um ihnen das Leben schwer zu machen. Was immer ihre beiden Kinder anstellten – und nichts davon war dramatisch! –, bezogen diese Eltern auf sich. Nach dem Motto: Wenn du den Autoschlüssel im Klo versenkst, liebes Kind, dann ist das eine Kriegserklärung an uns, die Eltern. Die Stimmung im Haus war so aufgeheizt wie bei einem Nachbarschaftsstreit – wir gegen sie. Nur wussten die Kinder nicht recht, wie ihnen geschah. Denn sie benahmen sich einfach wie Kinder, nichts weiter. Und das Schlimme war: Die Eltern benahmen sich auch wie Kinder.

Da lobe ich mir doch die Eltern von Lillebror. Lillebror ist der kleine Held aus Astrid Lindgrens Buch »Karlsson vom Dach«. Je weiter ich jeden Abend daraus vorlese, desto sicherer bin ich mir als Mutter, dass es den fliegenden Karlsson nicht wirklich gibt. Er ist eine Erfindung von Lillebror, dem kleinen, stinknormalen Jungen, der viel zu viel Unsinn im Kopf hat. Wird er ertappt, behauptet Lillebror: »Es war Karlssons Idee.« Lebte der kleine Lillebror heute, er wäre als ADS-Kind abgestempelt und längst mit Medikamenten so lange heruntergedimmt worden, bis er kompatibel wäre für nervenschwache moderne Eltern.

Aber Lillebror lebt in einem Buch, einem Klassiker der Kinderliteratur, und seine Eltern sind richtige Eltern. Sie schimpfen, sie machen sich Sorgen, sie trösten. Aber nie, nie sagen sie: »Warum tust du uns das an? Warum, Lillebror, bist du gegen uns? Magst du uns etwa nicht?« Sie nehmen Lillebrors Streiche nicht persönlich. Ein Tipp also an meine Altersgenossen, die inzwischen Eltern sind: Es ist an der Zeit, das Ego ein wenig herunterzufahren!

Meine nächste Kolumne will ich übrigens darüber schreiben, wie ich mich fühle, wenn ich morgens die Brotdosen für den Kindergarten packe. Bin ich niedergeschmettert? Oder euphorisch? Oder was?

Hajo Schumacher

Und jetzt wird fröhlich gewandert

Die Idee mit dem Wanderurlaub stammte von der Chefin. Wäre es nach mir gegangen, hätte sich die Familie an irgendeinem Strand verteilt, die Momente des Zusammentreffens wären kurz gewesen, aber durchaus herzlich, weil immer einer Fritten, Eis oder aparte Begleitung dabeigehabt hätte. Stattdessen wandern wir, weil das gerade angesagt ist in Monas Yoga-Gruppe. Wandern heißt: mit dem Nachtzug Richtung Südwesten und vor 7 Uhr morgens in Idar-Oberstein aussteigen. Wir werden eine Woche aneinanderkleben, womit die Wahrscheinlichkeit eines anhaltenden Konfliktes bei deutlich über 100 Prozent liegt.

Der erste kündigt sich bereits nach zwei Minuten an: Der Bahnhof noch in Sichtweite, ist Hans heulend kollabiert, weil er sich unter Wandern viel vorgestellt hat, aber nicht, den ganzen Tag lang zu marschieren, schon gar nicht an der Hauptstraße von Idar-Oberstein. Das Familienoberhaupt würde sich am liebsten neben das plärrende Kind legen, denn der Rucksack piekt mörderisch in die Nieren, was er im leeren Zustand im Fachgeschäft nicht getan hat.

Die Chefin kämpft derweil an der gut beschilderten Kreuzung mit Wind und Wanderkarte. Verzweifelte Hauptstädter im Dickicht der Provinz. Nicht auszuschließen, dass manche Wandernovizen bereits hier ihren Urlaub abgebrochen haben, weil sie den Anfang vom Saar-Hunsrück-Steig nicht gefunden haben. Der Wanderweg ist für seine Naturbelassenheit wohl nur deswegen prämiert worden, weil er so gut versteckt liegt, dass kaum jemand darauf herumtrampelt. Karl ist klugerweise nicht mitgefahren, er erholt sich vom USA-Trip mit dem Vater und übt im Zeltlager den verantwortungsvollen Umgang mit Mädchen und alkoholischen Mischgetränken. »Da lang«, befiehlt Mona und deutet auf eine Tankstelle. Frauen und Landkarten sind seit jeher verfeindet. Hans heult, weil er Durst hat. Ich erst. Ich will auch ins Zeltlager.

Für den ersten Tag hat die Gattin gleich eine Königsetappe angesetzt, einundzwanzig Kilometer in profiliertem Gelände. »Wo ist die Ritterburg?«, fragt Hans wimmernd. Wir hatten ihn mit dem Besuch einer mittelalterlichen Festung geködert, dabei allerdings unterschlagen, dass nur Ruinenreste zu sehen sind. Ich würde beim nächsten Spielzeug-Discounter in ein Beruhigungspräsent investieren müssen. Im Wanderurlaub kann man ja nie genug Gepäck dabeihaben. Im Gespräch mit einem Einheimischen hat Mona inzwischen ermittelt, wo der legendäre Wanderweg losgeht. »Wir müssen zurück«, erklärt die Gattin. Ach nee. Das war so ziemlich die einzige Information, die schon seit Längerem klar war. Beim Taxistand am Bahnhof will ich fragen, was es denn koste, ein nicht unbeträchtliches Teilstück mit der Droschke zurückzulegen. Die Chefin zieht mich weg. »Jetzt wird gewandert«, lautet der Tagesbefehl. Ich werde Hans mit der schönen alten Tradition des Sitzstreiks vertraut machen.

Susanne Leinemann

Hoch lebe die Langeweile!

Das Lieblingswort unserer Tochter ist derzeit »langweilig«. Es fällt mehrmals täglich. Sobald sie zwei Minuten irgendwo sitzt und in diesen hundertzwanzig Sekunden antriebslos auf ihre Fußspitzen starrt, erinnert sie sich daran, wie dieses dumme Gefühl heißt, das sie jetzt in den Osterferien immer mal wieder blitzartig überkommt: Langeweile. Dann sagt sie: »Mir ist so langweilig.« Und dann, als Steigerung, dehnt sie das Wort, ihr ist nun »sooooooo langweilig«.

Ihr kann überall langweilig sein. Auf dem Lieblingsspielplatz ist ihr langweilig, weil sie alle Türme schon hundertfach bestiegen hat und die Hangelstrecke schon dutzendfach gehangelt ist. Daheim ist ihr langweilig, weil ihr Bruder einen Freund besucht. Oder, wenn er da ist, weil er blöd ist und immer nur kämpfen will. Mit uns Eltern ist ihr langweilig, weil wir so langweilig erwachsen sind. Aber im Grunde ist ihr langweilig, weil sie findet, dass Langeweile ein ziemlich cooles Gefühl ist. Es macht sie schlagartig älter.

Das Schöne an Kleinkindern ist ja, dass sie so ziemlich alles aufregend finden. Kleinkinder kann man in eine Pappschachtel setzen, und sie sind glücklich. Bei ihnen gilt nur das Kriterium: müde oder nicht müde. Nicht müde Kleinkinder finden alles aufregend – Rolltreppen, Mixer, automatische Türen, Fahrradschlösser. Mit einem müden Kleinkind dagegen können Sie im tollsten Tiergehege stehen, und jedes sich nähernde Schaf oder Zicklein wird zusammengebrüllt.

Das ist also nun vorbei. Unsere Tochter ist Schulkind, und sie betrachtet die Welt mit klaren Wertungen: langweilig oder nicht langweilig. So richtig klar wurde uns das an Ostern. Wir waren spontan in ein Hotel auf dem Land gefahren. Wo es lag? »Im Winkel zwischen der A2 und der A9«, sagt mein Mann. Andere sagen Fläming. Dort saß sie dann nach der Ostereiersuche leicht wippend auf dem Hotelbett, umgeben von kleinen Ostergeschenken, und teilte trocken mit: »Und was machen wir jetzt? Mir ist langweilig.«

Nun verfielen mein Mann und ich in heftigen Aktivismus. Dem Kind ist langweilig, womöglich sogar beiden Kindern. Das soll nicht sein – dies ist doch unser Familiensuperosterausflug. Also setzten wir uns ins Auto, fuhren erst zu einer nahen Burg, wo ein extrem kommerzielles Mittelalterfest mit Ritterturnier stattfand und sich Massen an Bratwurst- und Bierständen vorbeischoben. Danach ging es zu einem netten Landgasthof, wo die Kinder Küken streicheln konnten. Und nicht genug, es folgte eine wunderbare Kutschfahrt über die Dörfer. Zwei Haflinger zogen die Kutsche, wir sahen Greifvögel und Rehe aus der Nähe und sogar einen toten Fuchs. Unser kleiner Sohn (müde/nicht müde) genoss es erst und schlief dann auf der ruckelnden Fahrt zufrieden ein. Aber unsere Tochter schwebte immer noch in Langeweilegefahr. Sie bestand auf Reiten. Also schenkten wir ihr noch eine halbe Stunde Pony.

Eine Stunde später war ihr wieder langweilig. Da wussten wir, es ist ein Fass ohne Boden. Aktionismus hilft nicht, es macht die Sache nur schlimmer. Sie genießt offenkundig das kraftvolle Gefühl der Langeweile. Nicht mehr in der Welt zu schaukeln wie in einer Kutsche, sondern sie zu rezensieren: Daumen hoch, Daumen runter. Man nennt das wohl Erwachsenwerden.

Gestern hockte sie in der Küche und langweilte sich. Da entdeckte sie ein Nest in der Krone eines Baums, daraus lugten die Schwanzfedern eines Raben. Der Vogel rührte sich nicht, saß ganz still – zwei Minuten, fünf, zehn. Meine Tochter fragte mich, ob der Rabe noch lebe. Ich sagte, ja, er brüte Eier aus. Dafür säße er stundenlang still auf den Eiern und wärme sie. Meine Tochter schaute fasziniert hin. »Ist dem Raben denn nicht langweilig?«, fragte sie. Ihre eigene Langeweile hatte sie darüber ganz vergessen.

So war meine Kindheit. Was habe ich mich gelangweilt – an endlos langen Sonntagen ohne Ablenkung. In einer Welt ohne KI.KA, ohne Computer, ohne Gameboy oder Handy. Und wenn die lähmende Langeweile mich schon fast erdrückt hatte, nachdem ich mehrfach durch Wohnung und Garten gestreift war, dann fiel mein Blick auf irgendeine Kleinigkeit, die mich faszinierte. Ich begann zu spielen. Wunderbar zu spielen.

Man muss die Langeweile nicht sofort abtöten. Man sollte ihr eine Chance geben. Sie ist ein kostbares Gut.

Hajo Schumacher

Schnecken-Schaschlik im Hunsrück

Wir hatten endlich die ersten achthundert Meter Aufstieg absolviert, die Dächer von Idar-Oberstein endlich unter uns gelassen, da quengelte Hans, dass er Hunger habe. Und Durst. Und dass sein Knie wehtue. Die Chefin schwieg ausdauernd, was fast noch schlimmer ist als meckern.

Kann man nach diesen paar Schritten schon die erste Rast machen? Würde das Kind nicht in den kommenden sieben Tagen alle achthundert Meter eine weitere Pause einfordern? Wie sollten wir jemals all die Hotels erreichen, die wir mühsam zusammengebucht hatten, in der Hauptsaison, die es angeblich sogar auf dem Saar-Hunsrück-Steig gibt, einem »Premium-Wanderweg«, der sich vor allem dadurch auszeichnet, dass man tagelang keinem anderen Menschen begegnet. Warum auch? Es gibt nur einen einzigen Grund, hier entlangzulatschen, nämlich den, dass die Chefin eine Fotoreportage in einem romantisierenden Familienmagazin gelesen hatte und glaubte, Wandern sei eine ideale Therapie für unsere gestresste kleine Großstadtfamilie. Ist es aber nicht, allenfalls die Pausen. Rast-Urlaub, das wäre ein Kracher.

Hans hat sich auf einen nassen Baumstamm gesetzt und erwartet ein üppiges Büfett. Leider haben wir nur einen noch nicht ganz matschigen Apfel im Angebot, das in Plastik verschweißte Croissant aus dem Nachtzug und in Alufolie gewickelte Schwarzbrote mit Käse. Wir hatten etwas mehr Catering erwartet unterwegs. Hans will Pommes. Die hatten wir ihm für die erste Rast versprochen, in einem Gasthaus, das noch sechs Kilometer entfernt liegt. Mit unserem derzeitigen Tempo dürften wir kaum vor Einbruch des Winters dort sein.

Wanderabhängige schwärmen von der intensiven Begegnung mit der Natur. Offenbar vom Hungerdelirium geplagt spießt Hans Nacktschnecken auf und hält mir den Schleim-Schaschlik unter die Nase. Dieser Natur will ich aber nicht begegnen. Und schon gar nicht diesen miesen roten Ameisen, die gerade von der Socke mutig auf meine Wade springen. Das Geheimnis am Wandern mit Fünfjährigen besteht im Bremsen. Veranschlagt ein ausgewachsener Wandersmann vier Kilometer pro Stunde, kann man bei Vorschulkindern das Tempo getrost um die Hälfte drosseln. Am ersten Tag haben wir tatsächlich sechzehn Kilometer geschafft, trotz Regens, einer geschlossenen Gaststätte und einem Hans, der mindestens die halbe Strecke auf und ab gerannt ist und mithin etwa dreißig Kilometer absolviert hat. Völlig ermattet liegen die Eltern auf dem kunstfasernen Laken einer mäßig gastlichen Herberge. Das Kind spielt draußen Fußball. Keine Ahnung, wie wir die nächsten sechs Tage durchgestanden haben. Hans fand den Urlaub jedenfalls toll.

Am Montag nach unserer Rückkehr fing zum Glück der Kindergarten wieder an. Die pädagogische Fachkraft war begeistert, wie entspannt und erholt unser Kind plötzlich sei. Nach mir fragt natürlich wieder niemand.

Susanne Leinemann

Elke Heidenreich, die Schafjacke und ich

Meine Freundin war über Ostern mit ihrer und meiner Tochter unterwegs. Alle hatten Hunger, also hielten sie mit dem Auto vor einem Schnellrestaurant. Zum Erstaunen meiner Freundin weigerte sich meine Tochter, auszusteigen.

»Ich gehe nicht zu Burger King. Ich mag nur McDonald's«, erklärte sie. Daran war nicht zu rütteln, sie mussten weiterfahren.

Nun ist meine Freundin entsetzt. Eine Fünfjährige, die mit solch markenbewusster Entschiedenheit auf McDonald's steht, wirft kein gutes Licht auf die Eltern. Essen wir als Familie womöglich täglich dort? Hängt bei uns im Wohnzimmer ein Bild von Ronald McDonald? Verbringen wir unsere Nachmittage mit den Kindern auf dem kleinen Spielplatz vor dem Schnellrestaurant? Natürlich nicht.

Unsere Tochter war genau sechsmal in ihrem Leben bei McDonald's. Sie verhält sich dort nicht besonders kindertypisch, denn sie mag keine Hamburger und isst keine Pommes frites. Das Einzige, was sie dort zu sich nimmt, sind die traurigen Obsttüten mit den harten Apfelschnitzen und den ewig feuchten Weintrauben. Was begeistert sie also? Es ist das Geschenk im Kindermenü. Billiges Spielzeug. Im Moment erhält man einen kleinen Stofftierhund. Wenn die Kinder dessen Pfote drücken, dann bellt er, weil ihm chinesische Fabrikarbeiterinnen einen Hundegebell-Chip eingenäht haben. Von diesem Spielzeug ist unsere Tochter angezogen.

Ist das alles? McDonald's = Spielzeug = ewige Kinderliebe zur großen, gelben, M-förmigen Fritte. Ich glaube, da ist noch etwas. Kinder wollen zeigen, dass sie die Welt verstehen. Dass sie schon groß sind und sich dort draußen auskennen. Eine Fünfjährige, die sagt: »Ich gehe nicht zu B. K., ich mag nur McDoof«, ist unheimlich stolz auf diesen Satz. Sie fühlt sich wie eine Erwachsene.

Als Kind habe ich mir auch mal so einen Satz geleistet. Ich war älter als meine Tochter, etwa doppelt so alt, zehn oder elf. Der Satz hat meine Eltern damals eine Freundschaft gekostet. Leider war es die Freundschaft mit Deutschlands inzwischen berühmtester Fernseh-Literaturkritikerin Elke Heidenreich. Das kam so.

Elke Heidenreich brachte bei einem Besuch ein Geschenk für mich mit – ein Jacke, die sie früher getragen hatte. Es war so eine weiße Schafwolljacke aus den Siebzigern. Eine, die so aussieht, als sei man selbst das Schaf. Ich glaube, Rainer Langhans hat solche Jacken getragen. Vermutlich war diese Schafjacke mal ein sehr geliebtes Stück in ihrem Kleiderschrank gewesen, und nun war es eine große Geste, dass sie an mich weitergereicht werden sollte. Es gab nur ein Problem. Ich ekelte mich vor der Jacke mit ihren langen, weißen, zottligen Haaren.

Vielleicht roch ich den Rauch der vielen Roth-Händle-Zigaretten, der noch darin hing. Oder ich entdeckte Krumen von Schwarzem Afghan, die tief in der Wolle steckten. Womöglich überkam mich auch nur die leise Ahnung, dass nun die Achtzigerjahre anbrechen würden und man die Dauerwelle gefälligst auf dem Kopf und nicht als Pelz tragen sollte. Egal. Klar war damals nur eines: Um keinen Preis der Welt würde ich diese Jacke anziehen. Aber weil ich diese Freundin meiner Eltern sehr mochte, wollte ich das Geschenk möglichst schonend ablehnen.

Also tat ich den fatalen Ausspruch. Ich sagte zu Elke Heidenreich: »Ich trage nur Missoni.«

Wir waren kurz zuvor in Italien gewesen, und meine Eltern hatten dort in den Schaufenstern die Wollpullover, Wollschals und Wollröcke mit dem aufgeregten Muster bewundert. »Missoni!«, gedehnt ausgesprochen von meiner Mutter, war zu einer Art Dauerseufzer dieses Italienurlaubs geworden. Ich war mir also sicher, die Missoni-Masche sei eine schlaue und sehr höfliche Art, sich aus der Affäre zu ziehen. Ich glaubte, ich hätte die Welt verstanden.

Das Entsetzen war groß. Was für Eltern züchten so ein versnobtes Missoni-Horrorkind heran? Der Kontakt zu ihr brach ziemlich bald darauf ab. Besser gesagt: Sie brach den Kontakt ab.

Liebe Elke Heidenreich, Sie müssen mir glauben, ich habe noch nie in meinem Leben etwas von Missoni besessen. Und meine Tochter war bislang nur sechsmal bei McDonald's. Ehrlich!

Hajo Schumacher

Fleischskandal an der Krummen Lanke

Wir sind eine moderne Familie. Unser Umgang mit Nacktheit ist völlig natürlich, auch wenn es schmerzt, wenn Karl in meinen Hüftspeck kneift und diskriminierend kichert. Hans und ich hocken auch gern gemeinsam in der Badewanne und versenken Lego-Schiffe, solange der Kleine nicht versucht, seine Enterhaken in jenes empfindliche Fleisch zu schlagen, das sanft an der Wasseroberfläche dümpelt. Unsere persönliche Nackt-Scanner-Philosophie lautet: Gegen Textilfreiheit ist im Privaten nichts einzuwenden. FKK oder Google Body View brauchen wir allerdings nicht so dringend. Ja, wir haben etwas zu verbergen, und wenn es nur die hässlichen Hämatome vom letzten Fahrradsturz sind.

Neulich an der Krummen Lanke lernte Klein-Hans, dass es Menschen gibt, die großzügiger mit Körperinformationen umgehen. Unsere Nerven beim Umgang mit Randgruppen sind ja ziemlich abgehärtet: Wir kennen Hundebesitzer, die mit ihren Viechern knutschen, Esoteriker, die Bäume umarmen, oder Hilfspolizisten, die in selbst gebastelten Uniformen in unserem Kiez patrouillieren. An der Liegewiese am südwestlichen Ende des Sees allerdings werden sogar wir noch geschockt. »Du musst ja nicht hingucken«, sagt die Chefin. Aber meine Augen tun einfach nicht, was mein Anstand befiehlt. Natürlich muss ich hingucken, wenn Naturschauspiele geboten werden. Und Hans erst recht. Auf dem wehrlosen Rasen breiten sonnenhungrige

Zeitgenossen alles aus, was sie an Körperteilen bei sich tragen. Klare Sache: Es gibt Gammelfleischskandale außerhalb des Supermarktes.

Natürlich ist es das gute Recht eines Liegewiesenbesuchers, auch jene Gegenden des Leibes zu bräunen, die normalerweise im eigenen Schatten liegen. Aber wer denkt an die Väter, die ihrem Vorschulkind einen breitbeinigen und zugleich textilfreien Kopfstand sonnenwärts erklären müssen? »Warum haben die Leute nichts an?«, will Hans wissen. »Können die sich keine Anziehsachen kaufen?« Das wäre mal was: Mit dem Altkleidersack nicht zum Roten Kreuz, sondern zu den Hardcore-Bräunern am See und das Kind dann die Sachen verteilen lassen. Bin ich spießig? Na klar. Vor allem aber Rest-Ästhet, den fröstelt, wenn ausgerechnet immer jene Zeitgenossen ungebetene Detailinformationen liefern, denen ein XL-Badetuch sehr gut stehen würde.

Niemand will die Freikörperkultur verbieten, die wohl unter das grundgesetzlich verbriefte Recht der Religionsfreiheit fällt. Aber die bisherige Perspektive ist vielleicht doch etwas einseitig: Hier die bösen Gaffer, dort die behelligten Opfer. Im Strandbad Wannsee etwa gibt es einen eigenen Strandabschnitt für die Nackedeis. Schilder weisen darauf hin, dass Fotografieren und Filmen untersagt ist. Aber wer denkt an die anderen, denen nichts ferner läge, als bindegewebsarme Fleischberge zu knipsen? Niemand hat die Absicht, eine Mauer zu bauen. Aber eine Hecke würde allen helfen.

Susanne Leinemann

Über Kinder und Hunde

Am letzten Sonntag, es war noch ziemlich früh, saß ich mit meinen Kindern an einem Kiosk, der zu dieser unchristlichen Uhrzeit überlebenswichtig ist: Es gibt eine anständige Latte macchiato, Zeitungen und für den Nachwuchs ein ablenkendes Nuss-Nougat-Croissant. Die Kinder mampften zufrieden, ich bekämpfte mit Koffein meine Morgenmuffeligkeit, während ich alles über Dieter Bohlen, Estefania und seine Neue las, als meine Tochter sagte: »Mama, wo sind denn heute Morgen die Hunde?«

Sie hatte recht. Kein Hund zu sehen. Was ungewöhnlich war – denn eigentlich trifft man um diese Zeit immer Hundebesitzer, die ihre Lieben zur ersten Runde ausführen. Menschen mit Kleinkindern und Menschen mit Hunden laufen ungefähr zur selben Uhrzeit dieselben Routen ab. Man bevorzugt Parks, verkehrsberuhigte Straßen und eben Kioske wie diesen, wo weder Kind noch Hund andere Gäste stören.

Meine Tochter kann ein Huhn zwar kaum von einem Hahn unterscheiden. Aber von »Hundekaka« versteht sie als geborene Berlinerin etwas. Kaum konnte sie laufen, lernte sie schon, mit ihrem torkelnden Kleinkindgang die Haufen auf der Straße zu umschiffen. Sie weiß, dass es große, kleine, dicke, nette, bellende, winselnde und knurrende Hunde gibt. Hunde gehören für sie zum alltäglichen Stadtbild. Und so, wie ein Kind vom Lande sich wundert, wenn die Kuhherde nicht auf der Weide steht, so wunderte sich meine Tochter an diesem Morgen, wo die Hunde bleiben.

Auch ich habe ein anderes Verhältnis zu Hunden, seitdem ich Kinder habe. Ich will jetzt nicht die Horrorgeschichte von dem Köter breittreten, der aus Kinderhänden eine funkelnagelneue Barbie wegschnappte und sich unter stolzem Gelächter seines Besitzers davonmachte. Oder nachrechnen, wie oft ich ein Rad des Kinderwagens an der Tankstelle abspritzte, weil der Gestank nicht mehr zu ertragen war. Danken möchte ich allerdings ausdrücklich allen Hundebesitzern, die immer eine kleine Plastiktüte zur Hand haben und ohne viel Aufhebens in die Abfalltonne schmeißen, was wirklich nicht auf die Straße gehört. Ihr seid die Größten, ehrlich!

Nein, ich will darüber reden, dass viele Berliner ein liebevolleres Verhältnis zu Hunden als zu Kindern haben. Sie glauben mir nicht? Ich hätte es früher auch nicht geglaubt. Bis ich eines Morgens mit meinem Sohn draußen vor besagtem Kiosk saß. Eine junge Frau kam auf uns zu und rief begeistert: »Oh, ist der süß!« Nun waren wir kurz zuvor in Italien gewesen, wo ich alle paar Meter auf dem Corso von Italienerinnen angehalten worden war, die mir bekundeten »che bello« der Kleine sei. Also freute ich mich und antwortete der jungen Frau laut: »Ja, er ist wirklich sehr süß. Und gerade ein Jahr alt.« Und sie? Ging wortlos an uns vorbei. Ich drehte mich verwundert um und sah, dass hinter mir ein kleiner Hund saß. Nicht mein Sohn, er war der Star.

An unserem Kiosk unterhält man sich gern ausgiebig über Hunde. Man pflegt eine differenzierte Meinung zu deren Stimmungsschwankungen, zeigt Verständnis für alte Hunde mit Höhenangst und für junge Hunde mit unverdorbenem Jagdtrieb. Kommt das Gespräch dagegen auf Mütter mit Kindern, ist es mit der Differenzierung vorbei. »Ein Baby schreit nur, wenn es Hunger hat oder müde ist. Ansonsten macht die Mutter was falsch. So einfach ist das.« Ich fasse zusammen: Jedem Hund wird ein intensiveres, sensibleres Gefühlsleben zugestanden als einem Baby.

Seitdem ich ahne, dass die Vernarrtheit der Berliner in ihre Hunde niemals mit Kinderliebe gleichziehen kann, bin ich gegen Enttäuschungen immun. Und so habe ich gar nicht erst reagiert, als die ältere Frau vor dem Supermarkt laut rief: »Ihr beiden seid aber brav!« Dass meine Kinder gemeint sein könnten – auf diese Idee kämen wirklich nur Ahnungslose. Meine Tochter lief an meiner Hand, mein Sohn saß friedlich im Buggy, beide schauten gut gelaunt in die Welt. Das konnte mich nicht täuschen. Ich sah mich suchend um.

Und tatsächlich. Neben uns, auf gleicher Höhe, hockten zwei Hunde. Ein schwarzer und ein weißer. Ihre rote Doppelhundeleine – sie gabelte sich am Ende – war am Fahrradständer festgebunden. Die Hunde sahen tatsächlich süß aus. Meine Kinder auch. Doch die würdigte die Dame keines Blickes. Manchmal denke ich, hier stimmt etwas nicht. Und damit meine ich nicht die Hunde.

Hajo Schumacher

»Der tut nix, der will nur spielen«

Früher, in jener märchenhaften Zeit, als wir bis elf Uhr morgens schliefen, weil wir mit Freunden bis zum Morgengrauen über den Unsinn einer Familiengründung philosophiert hatten, früher, als wir am Wochenende spontan die Stadt verließen und erst weit nach »Christiansen« zurückkehrten, früher also, als noch nicht jede Sekunde unseres Lebens von den Kindern diktiert wurde, da lasen wir zum Spaß, oft die halbe Nacht lang, Krimis zum Beispiel, von Michael Connelly. Heute lesen wir nicht zum Vergnügen, sondern wegen des schlechten Gewissens. Und was lesen wir, die immer alles falsch machen? Erziehungsratgeber. Nach einer Seite schlafen wir allerdings ein. Immer dasselbe: Disziplin, Ritalin, mehr Liebe, mehr Hiebe oder alles gleichzeitig, empfohlen von verspannten Psychologen oder kinderlosen Generälen. Wenn man wirklich mal Rat braucht, helfen die Bücher allerdings nicht weiter, weder beim Umgang mit Kind noch Hund.

Unlängst betraten wir gegen Mittag ein Ausflugslokal am Tegeler See, wo sich die Stammkundschaft bereits in fortgeschrittene Meckerlaune getrunken hatte. Hans spurtete Richtung Eistruhe. Ein hüfthoher schwarzer Hund, Marke unbekannt, sprang auf und Hans entgegen. Das Kind schrie, der Hund knurrte, Frauchen zog an der Zigarette, aber leider nicht an der Leine. Das Tier lief nämlich frei.

»Musst keine Angst haben«, sagte sie, wobei nicht ganz klar

war, ob sie mich meinte, Hans oder den Hund. Hans jedenfalls hatte Angst. Denn das Tier blickte dem Fünfjährigen geradewegs in die Augen. Seine gelben Fangzähne leuchteten in der fahlen Mittagssonne. Sabber troff aus seinen Lefzen. Hans wimmerte und suchte Deckung hinter der Eistruhe. »Atze, komm her!«, befahl Frauchen. Aber Atze war wie Hans. Er hörte nicht.

»Warum unsere Hunde Tyrannen werden« – das wäre mal ein Besteller. Und schnell geschrieben. Man müsste nur »Kind« durch »Hund« ersetzen. Beide zeigen ganz ähnliche Verhaltensmerkmale: tun nie, was man ihnen sagt, haben immer Hunger und dienen ihren Haltern als Statussymbol, das gegen jegliche Kritik immunisiert. Wer über Kinder meckert, gilt ebenso als Unmensch wie ein Hundefeind. Argumente nutzlos.

Hansens Schreie rissen mich aus meinen Gedanken. Atze schnappte inzwischen nach meinem Sohn. »Könnten Sie Ihren Hund entfernen?«, bat ich höflich, wobei ich nicht mehr ganz sicher bin, ob ich wirklich »Hund« gesagt habe. Es kann mir in der Aufregung auch »Töle« oder »Köter« herausgerutscht sein. Hans beobachtete mit angstvoller Spannung, ob sein Vater im Kampf gegen das Untier und dessen Kommandantin bestehen würde. »Nun stell'n Se sich ma nich so an«, erklärte Atzes Besitzerin, »der Hund tut doch nichts.« Das sagen alle Leinenschwinger. Als bekennender Erziehungslaie frage ich mich, warum die Tiere immer den Eindruck machen, als hätten sie gerade unheimlichen Spaß an einer zünftigen Keilerei.

Atze sprintete auf die Wurstscheibe zu, die Frauchen plötzlich in der Hand hielt. Wir beschlossen, unseren Imbiss woanders zu nehmen, am besten Hunde-Sushi vom Koreaner.

Susanne Leinemann

Erste Hilfe in der Kirche

Neulich war eine Freundin von mir spät dran. Es war Sonntagmorgen, der Gottesdienst hatte schon fast angefangen. Sie hetzte mit ihren beiden Kindern und einem Gastkind, das in der Nacht bei ihr geschlafen hatte, in die kleine Kirche. Schneller Blick – nur in einer Bank war noch Platz.

»Rein mit euch, aber seid bitte leise.« Danach ging das Auspellen der Kinder los. Mäntel, Mützen, Schals, Schneeanzug, Handschuhe, ein Ziehen und Zerren. Wie das so ist im Winter. Alles musste schnell gehen, gleich sollte ja der Gottesdienst beginnen.

Zum Glück saß neben ihr ein unkomplizierter Mann, der ihr zuflüsterte, sie könne ihm die Mäntel und Jacken ruhig auf den Schoß legen. Also packte sie ein Kleidungsstück nach dem anderen zu ihm rüber, ohne groß hinzuschauen. Als dann endlich alle ausgepackt waren, wandte sie sich ihrem hilfsbereiten Nachbarn zu, um sich zu bedanken. Der war fast ganz in einem Hügel aus Kinderklamotten verschwunden. Und wen sah meine Freundin aus dem Hügel herausschauen? Der unkomplizierte Mann war unser Bundespräsident, der sie freundlich angrinste. So etwas imponiert mir. Ich mag Leute, die mächtig sind oder sonst wie wichtig und die trotzdem umgänglich bleiben. Ich kenne Christian Wulff weiter nicht, aber es scheint, er hat sich an einem ganz normalen Sonntagmorgen ganz normal benommen. Er saß mit seiner Familie beim Familiengottesdienst, den eigenen Sohn auf dem Schoß, einfach so, ohne eine Welle zu machen. Und packte, wo er helfen konnte, halt zu. Weil er selbst Kinder hat und weiß, wie das ist. Viele mögen das selbstverständlich finden. Aber wenn man einmal erlebt hat, in welcher Wolke von Wichtigkeit sich Spitzenpolitiker bewegen, dann ist normal zu bleiben schon eine Leistung.

Zugegeben – ich war anfangs misstrauisch. Die Entscheidung für Wulff als neuen Bundespräsidenten kam mir unangenehm parteitaktisch vor. Das Argument, er sei relativ jung, aktiver Vater und kenne das Patchworkleben, fand ich vorgeschoben. Nur weil er Kinder im Alter meiner Kinder hat, finde ich ihn noch nicht kompetent. Außerdem, viele Politiker sind Väter. Allerdings merkt man davon kaum etwas – sie pendeln zwischen Berlin und ihrem Heimatort, sehen die Familien nur am Wochenende und dann auch nur gehetzt. Vorbildväter sind das nicht.

Aber zurück zum Sonntagmorgen. Nach dem Gottesdienst gab es Kaffee und Kuchen, Gemeindemitglieder hatten gebacken. Und wie das so ist – der Tag fängt hektisch an und geht chaotisch weiter. Meiner Freundin fehlten 1,80 Euro, um die Kinder mit Gebäck zu versorgen. Auch hier half unerwartet der Bundespräsident aus. »Kein Problem«, sagte Christian Wulff, »ich leihe Ihnen das Geld.« In zwei Wochen wolle er versuchen, wieder zum Gottesdienst zu kommen. Dann könne sie es ihm ja zurückgeben. Das nenne ich wirklich unkompliziert.

Hajo Schumacher

Sonntag bleibt Sofatag

Der Sonntagsspaziergang mit Familie gehört zu den großen Mythen deutscher Kultur. Hand in Hand schreiten Vati und Mutti durch den sonnendurchfluteten Tann, vertieft in ein Gespräch über Literatur oder Schönheitschirurgie, während die Kinder fröhlich, aber artig in gebügelten Matrosenanzügen tollen. So weit die Theorie, die auf einen Sonntagnachmittag an der Krummen Lanke leider nie zutrifft.

Nach einer guten halben Stunde konzentrischen Kreisens endlich eine halb legale Abstellfläche fürs Auto ergattert. Beim Aussteigen springt Hans in einen frischen Hundehaufen. Leise fluchend den Kinderschuh am Bordstein sauber kratzen. Karl ist übellaunig, weil er Spaziergänge mit der Familie peinlich findet. Die Chefin will stramm laufen, weil sie die Woche über mal wieder nicht zum Sport gekommen ist. Vati sehnt sich nach Bier.

Der Weg am See ist voller als die AVUS am Freitagnachmittag. Läuferschweiß, Walkerstöcke und die Schnappleinen der Hundebesitzer sirren durch die Luft. Hans schleift einen halben Baum hinter sich her, den er im Unterholz gefunden hat. Empörte Spaziergängerinnen fürchten Laufmaschen. Karl hält zehn Meter Sicherheitsabstand. Die Eltern haben länger kein Buch mehr gelesen, weshalb das Literaturgespräch ausfällt. Vatis Handy klingelt – Eilauftrag eines sympathischen Chefredakteurs, der die sofortige Rückkehr an den Schreibtisch erfordert. Anschwellendes Gattinnengrollen.

Dann trifft Mutti eine Frau aus der Yoga-Gruppe, die die Vorzüge basisch-vegetarischer Ernährung preist. Vati träumt von Schweinebraten mit Bier. Hans hat seinen Stamm an einen Hund verloren. Karl nähert sich und fragt: »Was riecht denn hier so komisch?« Die Rauchschwaden quellen aus der Mitte einer Gruppe Halbwüchsiger, die kichernd im Sand liegen. Mutti guckt besorgt und überlässt Vati die Antwort. »Die verbrennen irgendwelche Blätter«, erklärt das Familienoberhaupt. »Ich glaube, die kiffen«, sagt Karl. »Wie kommst du darauf?«, fragt die besorgte Mutter. »So riecht es immer auf dem Spielplatz an der Schule«, erklärt unser halbwüchsiger Sohn. »Und wo haben die das Zeug her?«, fragt die empörte Mutter. Karl lacht. Und klärt uns auf: Stoff zum Komasaufen gibt's an jeder Tanke, Rauchwaren an jedem zweiten U-Bahn-Schacht. Vati träumt vom Baseballschläger.

Wie Spürhunde schnuppern wir um die Krumme Lanke herum. Tatsächlich. Während die Ordnungsmacht gerade einen Strafzettel wegen zweifelhaften Parkens an unserem Scheibenwischer befestigt, stolpern wir von einer Marihuanawolke in die nächste. Ist Passivkiffen eigentlich strafbar?

Im Biergarten drängelt sich ganz Schöneberg. Hans heult, weil ihm sein Eis in den Staub gefallen ist. Ein Hund leckt es auf. Das Bier schmeckt nach Seife. Die Gattin verlangt nach Rohkost. Vergeblich. Es wird ein knappes Jahr dauern, bis wir reif sind für den nächsten Familienspaziergang. Bis dahin gilt: Sonntag ist Sofatag.

Susanne Leinemann

Soll man Fahrradfahrer einsperren?

Ich bin zu alt! Mein Nervenkostüm wird dünner und dünner! Zeit, dass die Kinder und ich langsam getrennte Wege gehen. Wenn ich morgens vor unserer Haustür die Frage »Dürfen wir mit dem Fahrrad fahren?« höre, bricht mir schon der kalte Schweiß aus. Denn einmal auf den Rädern sitzend, flitzen sie mir im Affenzahn davon.

Wenn Sie eines Tages in Wilmersdorf auf eine Verrückte treffen, die verzweifelt die Namen ihrer Kinder in den Herbstwind ruft und dabei wild mit den Armen fuchtelt – ja, das bin ich, wahrscheinlich bei dem Versuch, das Fahrradtempo meiner Kinder durch laut gebellte Befehle zu reduzieren. »Stopp, eine Oma!« – »Halt, ein Hund!« Schließlich fahren die beiden noch auf dem Bürgersteig. Hinter ihnen her rennend, treffe ich auf verschreckte Passanten, die panisch zur Seite gesprungen sind, um nicht von einem feuerroten Kinderrad und einem rasenden Laufrad überrollt zu werden. »Kinder«, murmele ich dann entschuldigend.

Am liebsten rasen die beiden auf dem autofreien Platz zwischen Kirche und Café. Immer im Kreis herum, vorneweg die große Schwester, dahinter der kleine Bruder. Sobald sie ein, zwei Runden gedreht haben, taucht – es ist wie verhext – mit Sicherheit eine alte, gehbehinderte Dame am Rollator auf. Oder eine Mutter, ihr Einjähriges zu ersten wackligen Gehversuchen ermunternd. Gern wird auch ein Pekinese an einer extralangen

Leine über den Platz geführt. All diese Unfallquellen schleichen gleichzeitig über den Platz, aber meine Kinder bremsen natürlich nicht. Sie schneiden mit einer schnittigen Linkskurve die gehbehinderte Dame, zischen scharf rechts um das Einjährige herum und tauchen synchron unter der Hundeleine hindurch. Ich stehe dann kurz vor dem Herzinfarkt.

Ich will einfach nicht mehr dabei sein müssen. Ihre Aktionen werden immer gewagter. Das ist völlig normal, sage ich mir, das war in meiner Kindheit auch so. Aber damals in den Siebzigern, als ich so alt war wie meine Kinder heute, war alles anders. Stressfreier, und zwar für alle. Ich habe unbeaufsichtigt mit meinen Freunden gespielt. Meine Mutter musste damals nicht auf einer Parkbank sitzen und sich mit einer Zeitung tarnen, weil sie erstens den Anblick meines Wahnsinns nicht ertrug und zweitens nicht von den anderen Spielplatzmüttern scheel angesehen werden wollte. Als ich dann nach einem mittelschweren Fahrradunfall ein Loch im Kopf hatte, bin ich blutend heimgelaufen und habe geklingelt. Meine Mutter hat mich in die Klinik gefahren. Das war alles.

Zum Glück bin ich mit meinem Problem nicht allein. Denn nicht nur meine Nerven liegen blank – viele in der heutigen Gesellschaft können Kinder kaum mehr ertragen. Woher ich das weiß? Ich habe es beim Hort-Elternabend erfahren.

Mir war schon länger aufgefallen, wie wenig die Hortkinder an diesen letzten schönen Herbsttagen rausgingen. Dabei ist die Situation ideal – ein eingegrenzter Schulhof mit Sandkasten, Klettergerüst und Schaukel. Aber Tag für Tag, wenn ich meine Tochter abholte, musste ich trotz Sonnenschein ins Hortgebäude, wo vierzig Kinder in schlechter Luft in dunklen Räumen spielten. »Unsere Kinder befinden sich in Geiselhaft«, dachte ich.

Jetzt weiß ich, es geht nicht anders. Bis 15 Uhr gilt strikte Mittagsruhe, kein Kind darf während der Mittagszeit den Schulhof betreten. Denn die Anwohner haben ihre Klageschriften wegen Lärmbelästigung schon vorbereitet und lauern darauf, endlich vor Gericht ziehen zu können. Unsere Schule und der Hort haben ernsthaft Angst, von einem Tag zum anderen geschlossen zu werden – weil Kindergeschrei in den Ohren deutscher Richter eine unzumutbare Belastung für Anwohner ist. Eine Kita um die Ecke hat es schon getroffen, sie musste dichtmachen. Also hält man unsere Kinder so lange in geschlossenen Räumen, wie es irgend geht. Auch wenn die Fünf- und Sechsjährigen gerade viele Stunden Schule hinter sich haben und dringend mal toben müssten.

Soll ich Ihnen mal erzählen, was los ist, wenn man ein Kind, das durchgehend sieben Stunden in geschlossene Räume gesperrt war, abholt und es sich auf sein Fahrrad setzt?

Hajo Schumacher

Auf in den Geschenkewettkampf

Wir sind eine großzügige Familie. Wenn Vati sich für den anstrengenden Wochenendeinkauf mit einer Flasche Roten belohnt, soll der Kleine nicht darben. Ein Schokoladenei, gefüllt mit dem Plastikmüll der Zukunft, ist ja wohl eine großartige Geste elterlicher Zuwendung. Hans allerdings ist mit dem Ei schon lange nicht mehr zum Apport von Nudeln, Haferflocken und Brot zu motivieren. Der undankbare Zwerg verlangt mindestens ein sündteures Comic-Heft (mit aufgeklebtem Spionage-Set, Handy oder Furzkissen) plus Kaugummi plus Limo. Geschenkemäßig sind wir offenbar etwas entgleist.

Früher waren Präsente wie Eiskunstlaufen: Es gab Pflicht und Kür. Pflicht waren Geburtstag und Weihnachten, Kür war eine von den Eltern höchst ausnahmsweise erbrachte Gabe für gute Noten oder Erntehilfe im Kleingarten, die keinesfalls ein Präjudiz bedeutete – Wiederholung ungewiss. Geschenk und Alltag waren Feinde. Ab Ende Oktober fallen heutzutage alle geschenkefreien Tage aus. Auf das traditionelle Halloween-Grusel-Präsent folgen diverse Kindergeburtstage, bei denen auch die Gäste beschenkt werden, zuerst im Kindergarten, dann bei der Geburtstagsfeier. Und wehe, es sind nur ein paar lumpige Süßigkeiten in der Tüte. Alles unterhalb eines Star-Wars-Kampfflugzeugs wird als Ehrverletzung betrachtet.

Vom 1. Dezember an tritt der Geschenkewahn in seine heiße Phase. Der Adventskalender ist ein Tau, mit dem man auch ein

Kreuzfahrtschiff festmachen könnte, daran baumelt die gesamte Spielzeugabteilung des KaDeWe, daneben hängen zwei weitere präsentpralle Leinen von Nachbarn und Paten. Im Geschenkewettkampf des Kindergartens landen wir damit allerdings nur auf den hinteren Plätzen, wie Hans verdrossen meldete. Insbesondere die Kinder von Patchworkfamilien, die bis zu zwölf Großeltern vorweisen können, müssen in der Adventszeit neunzig Minuten früher aufstehen, um all die kostspieligen Nettigkeiten bis zum Sonnenaufgang ausgepackt zu haben. Gleichsam als Hinweis auf mehr soziale Gerechtigkeit will Hans am Vorabend des Nikolaustages nicht seinen eigenen kleinen, sondern ein halbes Dutzend unserer Stiefel vor die Tür stellen. Zum Glück ist er nicht auf die Idee gekommen, unseren Nachbarn um seine hüfthohen Anglerstiefel anzupumpen. Aber das elterliche Imperium schlägt zurück. Wir werden einfach die Geschenke der letzten Wochen noch mal neu verpacken, die unbeachtet in Hansens Zimmer lagern. Zusammen mit all den ungelesenen Büchern sowie Nüssen und Mandarinen müsste die Mindestfüllhöhe des Schuhwerks erreicht sein. Bleibt nur ein Problem: Was schenken wir dem Kind zu Weihnachten? Alles erdenklich Schenkbare werden wir bis zum Heiligen Abend bereits verpulvert haben. Vorsorglich hat Hans einen Hubschrauber bestellt, »aber einen echten«. Im Kindergarten laufen bereits die Planungen, um auf dem Dach eine Landeplattform zu errichten.

Susanne Leinemann

Ein unsichtbares Pferd für Oma

Weihnachten steht vor der Tür, und dieses Jahr müssen auch die Kinder ran. Die Oma wünscht sich was. Von der Enkeltochter eine kleine selbst verfasste Geschichte. Vom Enkelsohn ein Bild.

Oha – ein Bild von unserem Sohn. Vor wenigen Wochen wäre dieser Wunsch noch unerfüllbar gewesen. Wir brauchen keine Pisa-Studie, um zu merken, dass der Sohn komplett anders tickt als unsere Tochter. Die malte mit fünf Jahren schon ganze Märchenlandschaften mit Burgen, Rittern zu Pferde, Drachen. Unser Sohn dagegen empfand das Halten eines Stiftes lange als unter seiner Würde. Er tat sich schwer damit, dass er so fürchterlich ungeschickt war, so ungeschickt wie alle Anfänger. Und dann das Ergebnis – wilde Kritzeleien. Nichts, was er produzierte, ähnelte auch nur entfernt einem Flugzeug, einem Auto, einem Fußballfeld. Also ließ er es lieber sein.

Bei der letzten U-Untersuchung blieb ihm das Zeichnen aber nicht erspart – unser Kinderarzt bestand auf einem Bild. Vorgegebenes Motiv: ein Haus und ein Mensch.

Unser Sohn sog die Wangen ein wie immer, wenn er angespannt ist, und begann sehr ernsthaft zu zeichnen. Das Ergebnis? Das Haus sah aus, als wüte dort gerade ein Erdbeben. Sein Mensch musste ohne Arme und Hals durchs Leben gehen, ein Kopf war grob erkennbar. Mir fielen vor Schreck all die klugen Bücher zur Entwicklungspsychologie eines Kindes ein. Zeichnen ab drei Jahren: »In diesem Jahr nimmt die Fähigkeit des

Kindes, Vorstellungen im Bild erkennbar umzusetzen, wesentlich zu.« Unser fünfjähriger Sohn befand sich malerisch auf dem Stand eines Dreijährigen! Der Kinderarzt blieb gelassen. »Du hast es zumindest versucht«, kommentierte er trocken. Mehr nicht.

Vor wenigen Wochen explodierte das malerische Talent unseres Sohnes. Vielleicht weil er seine Schwester so liebt, sie ist sein Vorbild und malt gern und erstaunlich gut. Auf jeden Fall hockte er eines Sonntagmorgens auf dem Boden des Wohnzimmers und malte manisch ein Bild nach dem anderen, sehr farbintensiv, expressiv, gar nicht schlecht. Schlagartig stieg unsere Sammlung von Sohn-Bildern von null auf sechs.

Seitdem hat er ab und zu diese manischen Van-Gogh-Phasen. Gestern Abend nun begann er mit seinem ersten Auftragswerk – dem Geschenk für die Oma. Schweigend und hoch konzentriert saß er am Küchentisch und malte mit Grün und Blau. Seine Schwester schaute ihm dabei über die Schulter.

Sie: »Was soll das sein?«

Er: »Ein Pferd.«

Sie schaute kritisch. »Und wo sind Mähne und Schweif?«

Unser Sohn war nur sehr kurz irritiert, dann sagte er: »Das Pferd steht im Nebel.«

Ein Pferd im Nebel. Da wird sich die Oma aber freuen!

Hajo Schumacher

Misstrauen im Advent

Jede Familie hat ihre eigenen Weihnachtsmärchen. Wir auch. Hans beginnt allerdings, an unseren Erzählungen zu zweifeln. Mit fünf Jahren. Warum nur ist er nicht so ein gutgläubiges Schaf wie wir früher?

Bei uns bringt der Nikolaus den Adventskalender in einer vorgezogenen Sonderschicht schon am 1. Dezember. Wir erzählen Hans, es sei ein nächtlicher Kontrollbesuch. Damit ist er ein paar Tage vorher zum Zimmeraufräumen zu bewegen, manchmal sogar zu freiwilligen Hygiene-Aktivitäten. Aber seine Skepsis wächst. »Der Nikolaus hat doch gar nicht so viel Zeit, um alle Kinder zu besuchen«, wendet er zum Beispiel ein. »Der Nikolaus ist schnell«, erkläre ich. Hans guckt zweifelnd. Seitdem er die altersschwachen Rentiere auf dem Weihnachtsmarkt vorm Charlottenburger Schloss gesehen hat, fehlt ihm endgültig der Glaube an den Highspeed-Nikolaus.

In der Nacht zum 6. Dezember, so will es unser Weihnachtsmärchen, kommt der Nikolaus dann schon wieder vorbei, diesmal, um die Wunschzettel abzuholen. Bedingung eins: geputzte Winterstiefel. Bedingung zwei: ein sorgfältigst gemalter Wunschzettel. So wird sichergestellt, dass die Jungs einmal im Jahr das Schuhwerk reinigen und sich künstlerisch betätigen. Hans glaubt allerdings nicht, dass der Weihnachtsmann in aufopferungsvoller Heimarbeit für jedes Kind die Playmobil-Männchen aussägt und anmalt. Schon gar nicht, wenn die Wunschliste so lang ist wie bei Hans. Der Kleine kann sich nicht entscheiden, ob er die Autorennbahn, ein Raumschiff von Lego Star Wars, lieber die Polizeistation oder vielleicht doch einen weiteren Anbau zur Playmobil-Ritterburg haben will. Am liebsten alles. Also stoppt er die Malarbeiten am Wunschzettel und stopft stattdessen eine Werbebeilage für Spielzeug aus der *Morgenpost* in den mäßig sauberen Stiefel. »Da steht alles drin«, erklärt Hans, »dann weiß der Nikolaus gleich Bescheid.«

Gegen derart klare Dienstleistungsgedanken ist nichts einzuwenden. Der Junge ist schlau. Er ahnt, dass der Weihnachtsmann nicht im nördlichen Finnland in einer Bretterbude sitzt und Legos erst in Plastiktüten und dann in Tausende identischer Pappkartons füllt, sondern Zugang hat zur Spielzeugabteilung des KaDeWe, eine Platin-Kreditkarte und zahlreiche Gehilfen, die bis zum Fest in Einkaufszentren herumlungern und versuchen, den Kindern Handys plus Prepaidkarte anzudrehen. Ideale Zeiten übrigens für Taliban, unauffällig im Meer der Zottelbärte unterzutauchen.

Mal sehen, was am Heiligen Abend Hansens Misstrauen erregt. Letztes Jahr war es die Frage, wie man die Rentiere auf unserem Spitzdach abstellt, ohne dass sie hinabrutschen, vor allem aber, wie der Weihnachtsmann in unser Wohnzimmer gelangt ist, obwohl wir nicht über einen Kamin verfügen. Ich werde am Nachmittag des 24. Dezember sicherheitshalber ein Parkverbotsschild vor unserer Haustür aufstellen. Denn neulich merkte Hans zu Recht an: »Der Weihnachtsmann hat bestimmt keine Parkvignette.« Spätestens nächstes Jahr wird er dann die Auslieferung seiner Geschenke am Computer tracken wollen.

Susanne Leinemann

Advent, Advent, ein Kinderkrieg entbrennt

Morgen früh, am 1. Dezember, werden in unserer Küche wieder unsere beiden Adventskalender hängen. Der grüne Filzweihnachtsmann mit vierundzwanzig schwer beladenen Taschen und das ebenso bepackte Filzrentier. Beide habe ich wie jedes Jahr selbst mit kleinen Geschenken vollgestopft. Als Faustregel gilt: halbe-halbe. An einem Tag eine Süßigkeit, am nächsten was anderes (Tattoo, Piratenaufkleber, kleines Auto), danach wieder eine Süßigkeit, dann – na, Prinzip verstanden? – wieder was Unsüßes (Haargummi, Pferdeaufkleber, glitzernder Notizblock).

Es ist nervenaufreibend, je vierundzwanzig Kleinigkeiten für zwei Kinder verschiedenen Alters und Geschlechts in einem weihnachtlich dekorierten und beschallten Spielwarenladen zu kaufen. Letztes Jahr habe ich es tatsächlich geschafft, alles an einem Tag zu besorgen. Danach war ich so lustlos und übellaunig, dass ich mir dieses Jahr vorgenommen hatte, den Einkauf auf mehrere kürzere Spielwarenladensitzungen zu verteilen. Damit der Weihnachtseinkaufsstress nicht so geballt kommt.

Neulich hatte ich meine erste Beute heimgeschleppt. Ich war in einem Billigkaufhaus gewesen und hatte dort auf einen Schlag Krimskrams für fünf Adventstage zusammengeklaubt. Stolz breitete ich abends, als die Kinder schon schliefen, alles vor mir auf dem Teppich aus: phosphoreszierende Herzaufkleber, kleines dreiteiliges Baustellen-Set, das ich auf mehrere Tage verteilen konnte, irgendeine undefinierbar verpackte Überraschung für 99 Cent. Ich spürte, dieses Jahr würde gut werden. Da klingelte das Telefon.

Unsere neue Verwandtschaft war dran. In Teilen unserer Familie geht es nämlich ein bisschen zu wie in einer Rosamunde-Pilcher-Verfilmung. Halbgeschwister lernen sich nach Jahrzehnten der Ahnungslosigkeit endlich kennen, und unsere Kinder sind plötzlich und unerwartet um Onkel und Tante reicher.

»Hallo, Susanne«, hörte ich die neuverwandte Stimme aus dem deutschen Süden, »was machst du denn gerade?«

»Och«, sage ich, »ich sortiere die ersten Sachen für die Adventskalender.«

»Deshalb rufe ich an«, ruft der Neu-Onkel erfreut ins Telefon, »wir haben gerade einen Ritter-Playmobil-Adventskalender zur Post gebracht. Für eure Kinder.«

Damit eines klar ist: Gegen einen supercoolen Ritter-Playmobil-Adventskalender können der gemütliche, rotbackige Weihnachtsmann und das freundlich grinsende Rentier sofort einpacken. Und überhaupt, was mache ich mit einem Kalender? Soll ich dem einen Kind den Cool-Kalender hinstellen, perfekt komponiert von Kinderpsychologen, Werbestrategen und Spaßforschern, während ich das andere Kind mit meinem Do-it-yourself-Filzkalender abspeise? Das würde gewaltigen Ärger geben. Ein Horroradvent – vierundzwanzig Tage lang allmorgendlich Tränen, Wut. »Warum kriegt er den Playmobil-Kalender? Und ich diesen fetten grünen Mann mit Bart?«

Zerknirscht schaute ich auf meinen kleinen Haufen selbst gekauften Spielzeugs aus dem Billigkaufhaus. War das alles umsonst gewesen? Sollte ich morgen losziehen und einen zweiten Playmobil-Kalender kaufen? Ich mag diese Kalender nicht. Sie stehen blöd in der Gegend herum und verbrauchen viel Platz mit ihrem überflüssigen Papp-Schnickschnack.

Also rief ich eine Freundin an und erzählte ihr alles. »Das ist doch kein Problem«, sagte sie. Jedes Jahr schneiten bei ihr unaufgefordert Adventskalender ins Haus – das liegt an den Hera-Lind-mäßigen Familienverhältnissen dort. Sämtliche Eltern respektive Großeltern sind in erster Ehe geschieden und neu verheiratet. Bei so viel Verwandtschaft und schlechtem Gewissen müsse man mit allem rechnen – dieses Jahr seien allein zwei spontane Lego-Adventskalender eingetroffen.

Und was macht sie damit? Stellt sie die alle auf – ein Adventskalenderpark? »Plündern«, riet mir meine Freundin. »Verpackung wegwerfen und den Inhalt für den eigenen Kalender verwenden.«

Was soll ich sagen? Mein Kindertraum ging in Erfüllung – ich durfte vierundzwanzig Türchen an einem Abend öffnen. Rentier und Weihnachtsmann sind jetzt üppig beladen mit bestem Spielzeug. Und die verführerische, verräterische Adventskalenderverpackung von Playmobil? Die ruht tief, tief vergraben in der Papiertonne auf dem Hof!

Hajo Schumacher

Die Raumstation im Vorgarten

Wir sind eine romantische Familie. Den Glauben an den Weihnachtsmann lassen wir uns nicht nehmen, und unserem Kleinen schon gar nicht. Es geht ja weniger darum, dass Hans an die alberne Geschichte von dem Rentner mit Rauschebart glaubt, sondern dass die Eltern Herzenswärme verspüren. Nichts ist unweihnachtlicher, als sich samstags mit Tausenden anderer Eltern um die letzte Lego-Raumstation zu prügeln und schließlich einen arg ramponierten Karton in die Wohnung zu schmuggeln. Kommerz, das ist der böse, hässliche Bruder vom Weihnachtsmann. Uns Eltern geht es dagegen um echte, wahre, tiefe Gefühle, wie sie nur unter der nadelnden Fichte im Kerzenschein wallen. Hans blättert derweil im Lego-Katalog und kreuzt akribisch an, was der Weihnachtsmann dieses Jahr alles zu liefern hat. Man kann viel Kritisches über Star Wars sagen, aber die Storys sind deutlich besser als Schlitten und Rentiere und Schornsteinabwürfe. Hans zweifelt jedenfalls. Kein Wunder. Es ist ja doch ziemlich auffällig, wenn die Chefin am Heiligen Abend nach Kirchgang und Würstchenkartoffelsalat ganz zufällig verschwindet und wenig später ganz zufällig ein Glöcklein klingelt und Mama ganz zufällig als Erste im Wohnzimmer steht. Bereits vergangenes Jahr hat Hans gefragt, wie es der Weihnachtsmann hinkriegt, dass die Geschenke aus jener rumpeligen Werkstatt am Polarkreis exakt so aussehen wie die Produkte im Werbefernsehen? Der Weihnachtsmann habe eine Produktionsstätte in China, wo er originalgetreu kopieren lasse, erklärte der große Bruder grinsend. Hans hatte sich mit diesem durchaus schlüssigen Hinweis zufriedengegeben. Globale Erklärungen für lokale Phänomene haben den Vorteil, dass sie schwer zu überprüfen sind. Das Hochwasser in Bangladesch sei meine Schuld, sagt meine Gattin zum Beispiel, weil ich mit dem Auto zum Brötchenholen führe und auf mein Steak nicht verzichten wolle, weshalb das Klima ruiniert und die Dritte Welt überschwemmt werde. Kein Wunder, dass die Kinder uns mit schrecklich vernünftigen Argumentationen traktieren.

Vergangene Woche wurde Hansens Glaube an den Weihnachtsmann erneut erschüttert, natürlich mit einem schrecklich vernünftigen Argument. Devin aus dem Kindergarten hatte seinen großen Bruder Kennis zitiert, der wiederum festgestellt hatte, dass es unmöglich sei, Millionen von Kindern nahezu zeitgleich mit Geschenken zu beliefern. Und zugleich die heimtückische Frage gestellt, warum in den Wochen vor dem Fest so viele Post-Autos durch die Straßen kurvten. »Der Weihnachtsmann kann zaubern«, erklärte ich, als Hans mich zur Rede stellte. In der Eile könne es allenfalls geschehen, dass mal ein Präsent den Kamin verfehle. Hans guckte skeptisch. Na warte, Sportsfreund: Am Heiligen Abend werde ich die Lego-Raumstation vom Balkon werfen und die Reste dann mit dem verzweifelten Jungen aus dem Vorgarten klauben. So sichern wir ein weiteres Jahr Weihnachtsmannglaube.

Susanne Leinemann

Das Glück in der Lederhose

Mein Mann wird die Lederhose aus dem Schrank holen. Heute Abend, wenn die Kerzen am Tannenbaum flackern, Tochter und Sohn »Ihr Kinderlein, kommet ...« singen und die Geschenke noch verpackt daliegen, steht er in seiner Trachtenhose zwischen uns – ein glücklicher Mann.

Er liebt seine Südtiroler Lederhose. Dabei ist er kein Tiroler, auch kein Bayer. Er stammt aus Hessisch-Sibirien. Na, zumindest kalt kann es dort auch werden.

Die Lederhosen-Leidenschaft hatte sich schon eine Weile angekündigt. Im Sommer fuhren wir zu einem Kurztrip nach München. Kaum waren wir am Marienplatz, teilte mein Gatte mir mit, er habe einen großen Traum. Einmal im Leben eine zünftige Lederhose zu besitzen. Ob wir uns nicht in München umschauen könnten? Damals drohte ich ihm, sein Anblick in Trachtenkleidung würde unsere Ehe gefährden. Danach war ein paar Wochen Ruhe.

Bis wir in den Herbstferien nach Südtirol fuhren. Die Kinder waren hin und weg von der Idee, in den Dolomiten zu wandern. Nur einen Wunsch äußerte unsere Tochter – bitte, bitte, eine Lederhose! Was?! Sie also auch. Seitdem sie bändeweise Enid Blyton verschlingt, redet sie nur noch von Abenteuern, Zelten und Wanderungen. Wie sich nun die Lederhose in ihre krachbritische Kinderbuchwelt schleichen konnte, ist mir schleierhaft. Unsere Tochter findet, eine Lederhose sei genau das richtige Kleidungsstück, um Abenteuer zu erleben. Also zogen Vater und Tochter los. In einem Südtiroler Städtchen wurden sie fündig – ein unscheinbarer Laden, das Schaufenster mit Kittelschürzen für die Hausfrau dekoriert, bot ein breites Sortiment an Lederhosen und Dirndln. Die Besitzerin, eine ältere Dame mit appetitlich geschnürtem Trachtendekolleté, lobte die strammen Waden meines Mannes in der Kniebundhose, auch bei der Tochter saß alles wie angegossen. Glücklich verließen die beiden mit ihren dunkelbraunen Wildbocklederhosen das Geschäft, mein Sohn und ich folgten – beide irritiert.

Doch dann gab ein alter Tiroler seinen Segen. Erst sagte er, als er unsere beiden Trachten-Berliner sah: »Die san ja närrisch, die Deitschen.« Doch dann räumte er grummelnd ein: »Aber schaut fei scho' fesch aus.« Da gab ich mich geschlagen und machte meinen Frieden mit den Hosen.

Und deshalb – heute Abend, wenn mein Mann feierlich die Flügeltür öffnet, hinter der der erleuchtete Baum steht, und die Kinder strahlende Augen kriegen, dann werde ich einfach nur dankbar sein. Für diesen sonderbaren Mann in dieser sonderbaren Hose, für die Tochter, die ihre dann auch trägt, für den fußballverrückten Sohn, den wir nie in seine vom Onkel geschenkte Lederhose zwingen konnten. Es ist doch immer wieder erstaunlich, welche unerwarteten Erlebnisse das Familienleben beschert. Sogar an Heiligabend.

Hajo Schumacher

Kampf um den Braten

Eine der letzten großen Fragen der Menschheit lautet: Was sollen wir Weihnachten essen? Früher gab es Würstchen und Kartoffelsalat. Mit steigender Kreditwürdigkeit wurde kulinarisch aufgerüstet, auf Gans oder Rehrücken. Angesichts der angespannten Haushaltslage, global wie privat, plädiere ich dieses Jahr für Wildschwein – eine ideale Mahlzeit für Selbstversorger. Schließlich lauert hinter jedem Grunewaldbaum eine ganze Rotte dieser ungehobelten Viecher. Eine sportliche Nachtfahrt über die Havelchaussee und, paff, klebt der Feiertagsbraten an der Stoßstange. Bis Schöneberg dürfte das Tier sogar ausgeblutet sein.

In seltener Einigkeit protestieren Chefin und Söhne. Mona weiß nicht, wie sie Schweinemord in ihrer Tofu-Yoga-Gruppe erklären soll. Und Hans findet »Wildschweine ganz lieb«. Woher hat der Junge diesen Unfug? Die Schweine pflügen halb Berlin um, greifen Läufer an und stinken den Wald voll. Sechstausend dieser Wüteriche terrorisieren die Stadt, mehr als Taxifahrer. Wenn überhaupt sind Wildschweine allenfalls süß-sauer genießbar. Leider besitzt Hans einen Plüschkeiler mit Knopf im Ohr, den er liebevoll im Arm hält, während er mit der Lego-Pistole auf seinen Vater anlegt. Die Wertedebatte muss noch mal neu geführt werden.

»Denk mal an die Jungen, wenn du einfach die Eltern totfährst«, ergänzt Karl, der sich mal wieder vorübergehend in einer Phase pubertären Mitgefühls befindet. Hans schluchzt schon fast. Man könnte natürlich die Frischlinge noch dazu erlegen, denke ich im Stillen, die passen ohnehin viel besser in unseren Kochtopf.

Mona kommt mit einem ihrer gefürchteten Kompromissvorschläge: »Wir machen Heringssalat.« Wahrscheinlich hat die Gattin gerade wieder in einer Frauenzeitschrift gelesen, dass im Hering zwischen den Schwermetallen gar wundersame Omega-Stoffe stecken. »Und was ist mit den Kindern vom Hering?«, frage ich. Ethisch gesehen müsste Weihnachten zum Welttag der Tierwaisen erklärt werden. Und ich bin schuld, wie immer. Zum Glück mögen die Jungs keinen Fisch.

»Wiener Schnitzel«, sagt Karl, und Hans nickt begeistert, »mit Pommes.« Unmöglich. Denkt denn keiner an die armen Kartoffelkinder? Fazit: Es gibt nichts Essbares, was nicht emotional besetzt wäre. Oder?

»Bonzo«, sagt Hans auf einmal in kindlicher Kälte. Na klar, Bonzo, der moppelige Nachbarshund, der seinen morgendlichen Stuhlgang bevorzugt vor unserer Haustür erledigt. Dreimal schon sind wir zu spät zum Kindergarten gekommen, weil Hansens erster Schritt direkt in Bonzos Haufen endete. Wer je am frühen Morgen über der Badewanne hing, um Tölenkot aus einer stark profilierten Kinderschuhsohle zu kratzen, wird im Leben kein Hundeversteher mehr.

»Bonzo zu Weihnachten?«, frage ich. Die Familie nickt düster. Bonzo mag keiner. Das Hundevieh wird allerdings zäh sein. Deswegen werden wir hauchdünne Rouladen aus dem Tier machen, mit Speckmantel und der Leine umwickelt. Wie aber sollen wir Bonzo in die Falle locken? Klar, mit einem Stück Wildschweinschinken.

Susanne Leinemann

Wenn die Hausfrau zum Cyborg wird

Morgen geht der Alltag wieder los. Kindergarten, Schule, der Gatte bei der Arbeit und ich wieder am Schreibtisch. Dabei bin ich noch gar nicht so weit. Ich muss mich erst noch zurückverwandeln – von der Power-Hausfrau mit integrierten Kitchen-Aid-Funktionen, dem Ober-/Unterhitze-Blick und den zusätzlich ausfahrbaren vier Armen, wenn es gilt, gleichzeitig ein Backblech einzuschieben, die Gänsebrüste umzudrehen, den Rotkohl zu rühren, das Wasser abzustellen und ein Kind zu trösten. Keine Ahnung, was dieses Jahr mit mir los war. Der Festtagswahnsinn ist mit voller Wucht in mich gefahren. Das fing Weihnachten an und hielt sich bis Silvester. Aber der Reihe nach.

Am Mittag vor dem Heiligen Abend war ich ein Heim-Bulldozer. Was sich mir in den Weg stellte, wurde platt gewalzt. Komisch, denn dieses Jahr lagen wir gar nicht schlecht in den Vorbereitungen. Traditionell räumt mein Mann ja an Heiligabend immer ein Zimmer um – die Bücherregale müssen von Zimmer A in Zimmer B. Oder der Schrank von Zimmer C nach A. Dieses Jahr war er erstaunlicherweise mit der ganzen Wohnung versöhnt, sogar der Tannenbaum stand schon. Keine Exzesse mit Beil und Säge kurz vor dem Christkindklingeln.

Ja, es hätte alles so gut sein können – wären da nicht die verflixten Details gewesen. Soßen für das Krebsfleisch anrühren, Tisch decken, Wäscheberg diskret verbergen, Sekt kalt stellen, letzte Geschenke einpacken, Kleidung für die Kinder rauslegen. Während Vater und Kinder den Baum schmückten, schnaufte ich grummelnd durch die Wohnung. Nichts fertig! Noch so viel zu tun! Meine Tochter sprach mich an, sie wollte irgendetwas. Ich schnauzte zurück, ich hätte jetzt wirklich keine Zeit.

»Mama, warum bist du so schlecht gelaunt?«, fragte sie. Unsere Tochter ist sehr tapfer. »Heute Abend, wenn die Kerzen am Tannenbaum brennen, bin ich wieder nett«, knurrte ich. »Bis dahin komm mir nicht in die Quere.«

Beim Krippenspiel in der vollen Kirche atmete ich zum ersten Mal durch. Es war dunkel, unser Sohn war in meinem Arm eingeschlafen, vom Krippenspiel vorn war nichts zu sehen. Das war mir nur recht. Abschalten.

Aber gleich am nächsten Tag war ich wieder auf hundertachtzig. Das große Weihnachtsessen am ersten Feiertag; Oma, Opa, die Kinder und wir Eltern. Es sollte Gänsebrust geben – plus ein Dutzend Extrawünsche. Zwar kocht mein Mann gern und gut, aber dieses Jahr hatte ich in meinem Wahn alles an mich gerissen. Also stand ich heldenhaft allein in der Küche, vier Platten, acht Töpfe und Pfannen. Ich brutzelte, wendete, rührte, goss ab. Nach und nach kam alles auf den Tisch, die Familie saß schon, aber wie das so ist – eine Hausfrau auf Hochtouren findet immer noch etwas zu tun. Ich rumorte also in der Küche weiter, während draußen alles auf mich wartete. Da rief ich, mein Gesicht war von der Küchenhitze schon stark gerötet, den Satz, den ich so oft von meiner Großmutter und von meiner Mutter gehört hatte: »Fangt doch endlich an. Es wird ja kalt!«

Zwischen Weihnachten und Silvester liegt noch der Geburtstag unserer Tochter. Auch er will bewältigt werden – sechs geladene Kinder, ein selbst gebackener Kuchen, neue Geschenke, Programm. Inzwischen war meine Batterie halb leer, ich schwächelte. So schaffte es mein Mann, sich in die häusliche Leitungsebene vorzukämpfen. Er nahm mir das Rührgerät weg, als ich in meiner Hausfrauenhysterie auch noch die Kekse für das Geburtstagsfest frisch backen wollte. Er sagte: »Den Kindern ist das doch vollkommen egal, ob die selbst gemacht oder gekauft sind.« Dann versteckte er die Knethaken und ging los in den Supermarkt. Die Kinder freuten sich wie Bolle über die Industriekekse.

Die Saucen für das Fleischfondue bei Freunden an Silvester habe ich dann nur noch lustlos angerührt. Was war eigentlich in den letzten Tagen mit mir los, fragte ich mich. Wollte ich der perfektionistischen Bree aus »Desperate Housewives« nacheifern? Feierte dieses Jahr die Super-Hausfrau in mir ihr Coming-out?

Langsam weicht der Festtagswahnsinn von mir. Nächstes Weihnachten werde ich mich wappnen – vielleicht hänge ich mir als Talisman eine Kette mit Tütensuppen um. Fertigprodukte kann der ehrgeizige Hausfrauengeist nicht riechen.

Hajo Schumacher

Das große Tauschen

Irgendwo muss der Fehler sein, aber wo? Ein mieses kleines Steinchen falsch herum eingebaut, wahrscheinlich ganz am Anfang. Und am Ende passt der ganze Raumgleiter nicht zusammen. Bei Lego-Konstruktionen jenseits der fünfzig Teile nützen ein paar Semester Soziologie überhaupt nichts. Warum gibt es nicht Google-Lego? Wie sollen die Jungs ihren Vater jemals wieder für einen Auto-Experten halten, der routiniert Frostschutz in den Ölstutzen kippt, wenn er nicht mal dieses verdammte Spielzeug unterm Tannenbaum zusammengebaut bekommt?

Seit fast zwei Stunden kämpfe ich mit dem Raumgleiter, obwohl es Hansens Präsent ist. Vielleicht sollte man Fünfjährigen, auch wenn man sie für hochbegabt hält, nicht unbedingt Bausätze schenken, wenn »7+« auf dem Karton steht. Hans jedenfalls hatte das Interesse an dem Fluggerät kurz nach dem Auspacken verloren. Zu komplex. Hingebungsvoll spielt er seither mit den Kartons, aus denen seine Mutter sündteure Kosmetiktiegel befreit hat. Mit Schere und Klebe hat er bereits drei kleine Garagen für seine Autos gefertigt; jetzt arbeitet er an einer großen für den Raumgleiter. Handwerklich sehr geschickt, der Junge. Und schlau obendrein. Die komplexen Aufgaben überlässt er seinem ergebenen Erzeuger. Erfolge monopolisieren, Niederlagen delegieren – der Bengel hat das Zeug zum Kanzler.

Mona wiederum liegt auf dem Sofa und liest den pädagogisch wertvollen Krimi, den eigentlich Karl zu Weihnachten bekommen, aber wegen mangelnder Blutigkeit gleich unauffällig in die Ecke gelegt hat. Karl wiederum versucht hingebungsvoll die Pulsuhr zu programmieren, die die Gattin mir zu Weihnachten hat zukommen lassen. Im Prinzip ist so eine intelligente Uhr eine prima Sache: Sie misst Strecke, Tempo, Kalorienverbrauch und Kleidergröße des Läufers und erzeugt jenen perfiden Druck, den man braucht, um die guten Vorsätze wenigstens die ersten vierzehn Tage im neuen Jahr durchzuhalten. Leider muss der Benutzer solcher Uhren noch intelligenter sein als die Uhr selbst und vor allem bereit, das hundertzwanzig Seiten schwere Bedienungshandbuch zu lesen. In der Zeit, die man für das Studium der Anleitung braucht, hat man sich schon die ersten drei Kilo Winterspeck von den Rippen gerannt. »Wenn du dreimal Enter drückst und dann mit dem Cursor im Menü vier Punkte weiterscrollst, bist du schon bei der Pulskontrolle«, erklärt Karl. Aha. Warum kann die Uhr nicht einfach nur einen Knopf und drei Funktionen haben?

Eigentlich brauchen wir eine zweite Bescherung: Karl bekommt die Pulsuhr, Hans die Kosmetikkartons, Mona den Krimi. Und ich? Leider ist nur noch der Raumgleiter übrig. »Du musst das Ding einfach noch mal auseinanderbauen und dich dann genau an die Anleitung halten«, erklärt Karl. Vielen Dank, mein Sohn. Bis eben dachte ich, Lego sei Spielzeug und nicht der Aufnahmetest für Oxford.

»Ist das Raumschiff endlich fertig?«, kräht Hans plötzlich aus seinen Kartons: »Die Garage wartet.« Weihnachten ist das Fest der Liebe – und des väterlichen Scheiterns.

Susanne Leinemann

Schluss mit der Teilzeitmutter

Mein Mann unterstützt mich in allem, was ich beruflich anpacke. Er findet es gut, wenn ich mich nicht nur auf die Mutterrolle beschränke. Mir steht jede Möglichkeit offen. Wenn es nach ihm ginge, könnte ich der UN bei der Lösung des Nahostkonflikts helfen. Oder mich an der Entwicklung eines gentechnisch verbesserten Milchreises beteiligen. Ich könnte sogar mit der NASA in den Orbit fliegen. Hauptsache ich bin pünktlich zurück, um die Kinder vom Kindergarten abzuholen.

Da liegt das Problem. Denn machen wir uns nichts vor, eine Handvoll Stunden reine Arbeitszeit am Tag reichen nicht aus, um die Welt zu verändern. Hinzu kommen die Tage und Wochen, an denen der Kindergarten zu ist. Ferien. Fortbildung. Brückentage. Getoppt wird die Berufsmisere von unerwarteten Anrufen der Erzieherinnen: »Ihr Kind hat sich gerade übergeben. Holen Sie es bitte sofort ab.«

Natürlich schlägt sich das in schlechten Zeiten auf meine Laune nieder. Die Mutter in mir ist stolz und glücklich über ihre wunderbaren Kinder, während die berufstätige Frau die Hände über dem Kopf zusammenschlägt, weil Zeit ungenutzt verrauscht. Die klassische Doppelbelastung.

Jetzt erschüttert eine »Tagesschau«-Sprecherin das Land mit der Erkenntnis, Frauen wie ich seien nicht nur belastet, sondern existenziell bedroht. Ich gehöre nämlich zum gefährdeten Personenkreis der Frauen, die sich »wegen ihrer permanenten Überforderung nicht selten suizidalen Fantasien« hingeben. Bislang kam mir ein Selbstmord noch nie in den Sinn. Die Konsequenz wäre ja auch für alle unbefriedigend. Erstens wäre meine berufliche Karriere damit mausetot. Und zweitens hätten wir dann ein ernstes Problem mit der Kinderbetreuung. Selbstmord ist rational betrachtet also Quatsch. Aber weil Frau Herman so eindringlich davor warnt, habe ich erst mal die Nähe offener Fenster gemieden (wir wohnen im vierten Stock). So einem latenten Suiziddruck kann man seine Familie auf Dauer nicht aussetzen. Als Mutter muss man doch ungehemmt mit scharfen Küchenmessern, giftigen Haushaltsreinigern und Hochdruck-Wasserpistolen der Kinder umgehen können. Also suchte ich Hilfe bei Frau Herman. Sie erklärt, ich müsse mich endlich zu meiner wahren Natur als Mutter bekennen. Dann würde ich schon erkennen, dass bis heute gilt, was schon in der Steinzeit funktionierte: Ich bin für unsere häusliche Höhle samt Kindern zuständig, und mein Mann jagt durch das Berufsleben.

Daraufhin sagte ich am nächsten Tag alle Termine ab. Auch die Kinder blieben zu Hause. Ab jetzt, versprach ich mir, bin ich nur Mutter. Weil es regnete, plante ich, mit den Kindern zu basteln. Anfangs war es nett, aber irgendwann kippte die Stimmung. Vielleicht hatte ich einmal zu oft sehnsüchtig zu meinem Schreibtisch geschielt. Während ich also ungelenk mit der Kinderschere hantierte, begann mein Sohn an der offenen Uhu-Tube zu lutschen. Meine Tochter maulte, wann sie wieder in den Kindergarten dürfe. Dort würde Basteln mehr Spaß machen, außerdem könne ihre Kindergärtnerin das besser. Unsere Bastelarbeit war inzwischen am Küchentisch festgeklebt. Abends, nachdem die Kinder im Bett waren, war klar: Nur Mutter zu sein treibt mich zwar nicht in den Selbstmord, aber in den Wahnsinn.

Entnervt schaltete ich den Fernseher ein. Tagesschau-Zeit. Und wer sitzt da im gelben Jackett und lächelt mich an: die Vollblutmutter Eva Herman. Sieh an, sie arbeitet. Sie lässt sich für ihre »Endlich-spricht-es-mal-jemand-aus«-Retrothesen hofieren. Sie wird angerufen, für Talkshows, Bücherbeiträge, Plattenaufnahmen gebucht. Sie ist von der Steinzeitfrau so weit entfernt wie eine Präzisionsbombe von einer Neandertalkeule.

Vielleicht sollte ich mich persönlich an Eva Herman wenden. Und fragen, welches Mittel sie zu Hilfe nimmt. Psychopharmaka? Weiche Drogen? Oder reicht Einbildungskraft? Die Frau auf dem Bildschirm ist dem Dilemma der Doppelbelastung entronnen – als arbeitende Mutter eines achtjährigen Sohnes. Und das geht so: Während sie die Nur-Mutter lauthals propagiert, bastelt sie ungerührt an ihrer Karriere weiter.

Glückwunsch, Frau Herman! So kann es klappen.

Hajo Schumacher

Ski und Rodel schlecht

Von seinen Wintererfahrungen her ist Hans ein Afrikaner-Junge. Er hat in den fünf Jahren seines Lebens noch nie richtigen Schnee gesehen, allenfalls diese kleinen, kalten Daunen, die geschmolzen waren, noch bevor sie den hundeverkoteten Bürgersteig berührt hatten. Schnee kannte Hans nur aus »Drei Haselnüsse für Aschenbrödel«.

Unsere Familie hat ohnehin eine Winterallergie. Skifahren liegt uns nicht. Warum dorthin fahren, wo es noch kälter ist, um mit Rudeln anderer Verrückter stundenlang am Lift zu warten, wo DJ Ötzi dröhnt? Im Keller ist eh kein Platz für Skianzüge oder Snowboard-Stiefel. Wir sind schon froh, wenn wir zwei gleiche Handschuhe finden.

Für überraschenden Tiefschnee in Berlin und den zeitgleich einsetzenden Pistenterror sind wir schlecht gerüstet. Die ersten Tage konnte ich mir mit Ausreden behelfen: Schlittenkufen stumpf, nahende Bronchitis, Schuhe nass. Vergangenes Wochenende gab es kein Entkommen mehr. »Teufelsberg!«, befahlen Hans und Karl in seltener Einigkeit. Das Kleinwalsertal-Gefühl stellte sich bereits auf der Heerstraße ein. Der Stau war irschenbergmäßig, das Rutschen der Hauptstadtpiloten noch schlimmer. Mit Cordhosen und Gummistiefeln fühlten wir uns wie alpines Prekariat. Der Bergberliner trägt Bogner in Laubfroschgrün, Coyotenfellmütze und ein Snowboard unterm Arm. Der Typ mit den gecarvten Alpinskiern stahl den Langlaufposern die Show.

Vorwurfsvolles Schweigen meiner Söhne. Wir hatten keine Gletscherbrillen, und unser Fuhrpark bestand aus einem Schlitten, Modell »Davos«, mit Kufen, unter deren Rost sich mit viel Glück ein wenig Metall fände. »Für zwei Tage Schnee braucht man doch keine Ausrüstung«, erklärte ich. Doch, entgegnete Karls Blick. Um ihn aufzuheitern, schnippte ich an sein tiefrotes Ohr. Vielleicht hätten wir doch Mützen aufsetzen sollen.

Auf dem Gipfel schließlich die ultimative Leistungsschau des Berliner Wintersports: Moonboots, Aluschlitten, kunstvolle Hüte von Eskimo-Designern. Alles, was die Motten auf Speichern und Schränken verschont hatten, war herbeigeschleppt worden. Berlin spielt Kitzbühel, und es hätte keinen gewundert, wenn eine Schneeraupe vorbeigefahren wäre, um abgestürzte Heli-Skifahrer zu bergen.

Während Karl sich bald aus dem Dunstkreis seines peinlichen Anhangs verzog, sammelte Hans die Überreste des Silvesterfeuerwerks auf. Der Davos war bald beladen mit abgebrannten Vulkanen, römischen Lichtern und Sternenbatterien (100 Schuss). Die anderen Kinder guckten neidisch aus ihren Skianzügen in Glanzoptik. Mir war kalt. »Wir fahren jetzt runter«, befahl ich. Begeistert wischte Hans die abgebrannten Knaller vom Schlitten. Wir hockten uns in die Schwarzpulverreste. Vor uns versuchte ein Mitte-Ottokar, seinen edlen Lenkschlitten zu starten. Davos überholte lässig. Der Schrei hinter uns kam von einem Snowboarder, der in ein Gebüsch gesegelt war. Davos hielt Spur. Ein Dahlemer Vater mühte sich, den Aluschlitten mit zwei blasierten Gören in Schwung zu bringen. Davos raste vorbei. »Wir sind die Schnellsten«, juchzte Hans. Beim Wintersport macht uns eben keiner was vor.

Susanne Leinemann

Die Frage nach dem WER

Wer ist schuld? Wer von euch hat den Unsinn angestellt? Wer hat wen angestiftet? Diese Wer-Fragen stellen sich in letzter Zeit häufiger. Unsere Kinder sind aus dem Alter heraus, in dem man sie ständig im Blick hatte, und genau das führt zu einer Menge Blödsinn.

Diese Woche waren wir zu Besuch bei einer langjährigen Freundin von mir. Ihre Tochter und meine sind gleich alt, sie kennen sich, wie wir Mütter, von Kindesbeinen an. Der später dazugestoßene kleine Bruder wird mehr oder weniger akzeptiert.

Kaum angekommen, verschwanden die drei Kinder ins Kinderzimmer. Wir beiden Frauen setzten uns zum Kaffee an den Küchentisch, flöteten, wie reizend es sei, dass die Kinder sich immer noch gut verstünden, und legten los mit dem, was Frauen so gern tun – Gequatsche.

Nach gut dreißig Minuten sah ich im Wohnzimmerfenster, wie ein Korb an einem Seil langsam von oben heruntergelassen wurde. Ich dachte mir nichts Böses. Bis ein blasser Nachbar klingelte und sagte, drei Kinder ständen auf dem völlig ungesicherten Vordach der ersten Etage, ob wir sie da nicht schleunigst runterholen wollten.

Es gab eine kurze Standpauke, ich schaute meinen Kindern tief in die Augen und sagte, das macht ihr nicht noch mal. Sie versprachen es. Doch die Versuchung war zu groß! Nach dem Abendessen eilten sie hoch – angeblich, um die Schlafanzüge anzuziehen. Es stellte sich schnell heraus: Stattdessen unternahmen die drei eine Nachtwanderung mit Taschenlampe auf besagtem Vordach. Diesmal war die Standpauke heftiger. Es gab Tränen. Und danach Gutenachtküsse.

Komisch, so kenne ich meine Kinder gar nicht, sinnierte ich später beim Wein. Ich meine Tochter auch nicht, antwortete meine Freundin. Ein erzieherisches Patt.

Am nächsten Morgen entdeckten wir noch vor dem Frühstück, dass leider das teure Rollo im Kinderzimmer schlaff herunterhing. Warum? Meine Tochter war im Morgengrauen auf die Fensterbank gestiegen, um einen Spiderman, der an der Decke klebte, herunterzuholen, dabei hatte sich ihr Ellbogen in der Rollokette verhakt. »Sie hat es kaputt gemacht«, rief die Tochter meiner Freundin. »Sie hat mich angestiftet«, schrie meine Tochter zurück. Hmmm.

Als die drei danach die Jacken anzogen, um in den Garten zu gehen, flüsterte mir meine Tochter zu: »Wir haben gestern, um eine Hütte zu bauen, einige Zweige von den Bäumen abgeschnitten. Ist das in Ordnung?« Ich zischte zurück, das sei überhaupt nicht Ordnung, sie sollten die Zweige am besten schnell verschwinden lassen, in den letzten vierundzwanzig Stunden hätten sie gemeinsam genug Mist angestellt.

Danach hörte der Unsinn schlagartig auf. Irgendwer muss beruhigenden Einfluss genommen haben – entweder meine Kinder auf die Tochter meiner Freundin oder die auf meine Kinder.

Raten Sie mal, was ich glaube …

Hajo Schumacher

Zeitverschiebung zu Silvester

Wir sind eine wertebewusste Familie. Unsere Kinder werden nie belogen, höchstens in Ausnahmesituationen. Und die herrschen täglich zwischen Heiligabend und Neujahr, jener kalorienreichen, rotweinhaltigen und nervenschwachen Zeit. Warum haben Kindergarten und Schule ausgerechnet an Tagen geschlossen, da die Eltern den mittäglichen Stützschlaf besonders brauchen? Hans findet, dass er zwischen den Jahren so lange aufbleiben darf, wie er will. Das gleiche Recht nehme sich sein großer Bruder ja auch. Karl allerdings steht nicht um sechs Uhr früh, sondern am späten Mittag auf, um sich fürderhin auf dem Sofa auszubreiten und alle televisionären Optionen zu probieren, die der T-Home-Anschluss bietet, der im Spätsommer installiert wurde und zwei Tage vorm Fest tatsächlich zu funktionieren begann – unser privates Weihnachtswunder. Ohne »Drei Haselnüsse für Aschenbrödel« würde die Chefin depressiv, ohne Bluttriefendes zur späten Stunde der Herr Sohn womöglich gar gesprächig.

Um wenigstens den Silvesterabend in Ruhe verdösen zu können, hatten wir uns im vergangenen Jahr eine List einfallen lassen, um den aufgedrehten Zwerg möglichst früh ins Bett zu befördern. Unser Spross, obgleich zweifelsfrei ein Wunderkind, zeigt bislang keinerlei Interesse, die Uhr zu lernen, was uns am letzten Abend des Jahres heilige Ruhe bescheren sollte. Gleich nach dem Abendbrot um 18 Uhr gähnten wir demonstrativ.

»Ooh, schon fast Mitternacht«, schauspielerte die Gattin. Hans warf einen skeptischen Blick aus dem Fenster. Immerhin: Es war dunkel. Und umsichtige Nachbarn böllerten seit achtundvierzig Stunden durch. Ich schlurfte zum Kühlschrank, um eine Flasche Sekt zu holen. Karl, der Große, hatte Klassik von irgendeinem Kulturkanal auf den Bildschirm gezaubert. Anstoßen, »Frohes Neues«, Knutschen. Hans sprang aufgeregt herum. Der erste Jahreswechsel, den er nicht verpennte, so dachte er. Dann ein paar Minuten nach draußen, wo die Raketen pfiffen, drei Knallfrösche unter Nachbars Autos drapiert und nichts wie zurück in die warme Stube. Noch zwei Sturzsekt, und – »ist ja schon fast zwei Uhr« – ab in den Schlafanzug. Kaum Gegenwehr. Ich legte mich ins Hochbett zu Hans, der aufgeregt noch mal den ganzen Abend nacherzählte. Der Sekt schloss meine Augen.

Irgendwann mitten in der Nacht rüttelte der Kleine an mir. »Papa, Papa, draußen ist ganz viel Geballer!« Die Gattin kam ins Kinderzimmer, mit dem nächsten Sekt. Noch mal »Frohes Neues«, aber ganz leise. Hans klebte an der Fensterscheibe und wunderte sich über den Aufruhr frühmorgens auf der Straße. Ich murmelte etwas von anderen Kulturen und Zeitumstellung. Hans nickte. Er machte einen ausgeschlafenen Eindruck. Klar, wenn es um sieben Uhr abends gefühlte Mitternacht war, dann war jetzt Zeit zum Aufstehen. »Ich will frühstücken«, sagte das unbarmherzige Kind. Frohes Neues.

Danksagung

Wir danken unseren Kindern und Partnern, die zuverlässig immer neue Geschichten liefern. Und wir danken der Redaktion der *Berliner Morgenpost*, vor allem Sandra Garbers, Nicole Dolif, Carsten Erdmann, Sebastian Zabel und Lennart Paul für ihre fröhliche Langmut und Ko-Kreativität. Und schließlich danken wir allen Kindergarten- und Schuleltern für den nie versiegenden Quell an Inspiration.

Inhaltsverzeichnis